DIEU AIME AUSSI LES HOMOSEXUELS

EMMY KONDJI

Edition originale publiée en français sous le titre :

DIEU AIME AUSSI LES HOMOSEXUELS

Copyright © 2022 Emmy Kondji

Couverture : Laurent Ekoume

Relecture, correction et mise en page : Shammah Éditions

Dépôt légal - 4e trimestre 2022

ISBN : 979-8-367090-87-1

1

Fausther, assis sur son lit, poussa un long soupir en fixant le courrier qu'il tenait dans ses mains. Ses jambes tremblotaient de façon incontrôlée et des sueurs froides se mirent à couler le long de son visage. Nerveux, il se passa une main dans les cheveux en poussant à nouveau un soupir.

Il avait passé des tests pour remplacer un membre de l'équipe de basketball de leur établissement qui s'était tordu la cheville en pleine compétition et dans cette lettre s'y trouvait la réponse. C'était la deuxième fois qu'il passait le test pour intégrer l'équipe de sa Faculté. Il l'avait fait à la rentrée, mais avait été recalé faute de performance. Il ne s'était pas découragé pour autant, au contraire, cet échec lui avait permis de s'entraîner davantage afin de pouvoir s'améliorer. L'entraîneur que son père avait engagé pour lui, lui avait affirmé qu'il avait beaucoup progressé et qu'il était désormais prêt techniquement à faire ses preuves. C'est pourquoi lorsqu'il avait appris que l'on cherchait un remplaçant, il n'avait pas hésité à se présenter à nouveau. L'entraîneur de l'équipe qui voyait sa détermination avait décidé de lui donner une seconde chance.

Il prit son courage à deux mains et ouvrit la lettre. Ses yeux s'agrandirent et un large sourire se dessina sur son visage. Il sortit de sa chambre en courant, descendant les marches quatre à quatre, allant trouver son père et son frère qui suivaient un programme télévisé au salon.

- Papa ! Fraser ! J'ai réussi... j'intègre l'équipe de basketball ! leur dit-il en brandissant devant eux tel un trophée le courrier qu'il tenait entre les mains.

- Fausther, c'est génial ! dit son père en se levant et en venant l'embrasser en riant. Il était aussi ému que son fils.

La passion du sport lui avait été communiquée depuis son plus jeune âge par son père qui était lui-même entraîneur professionnel et ancien joueur national de football. Il aurait souhaité que son fils suive sa voie et se perfectionne dans cette discipline, mais ce dernier avait un penchant pour le basket.

Le rêve de Fausther était de devenir basketteur professionnel et d'intégrer l'équipe nationale de son pays. En intégrant l'équipe de son établissement, ses chances de réaliser son rêve se rapprochaient à grands pas. C'était une excellente journée pour lui et il avait hâte d'être sur le terrain pour ressentir l'adrénaline de la compétition et faire des prouesses.

Sa mère qui était à la cuisine et qui avait entendu des cris au salon sortit en se frottant les mains avec un torchon avant de leur demander, stupéfaite, ce qui pouvait bien les mettre dans cet état.

- Fausther a réussi ses tests. Il intègre l'équipe de son établissement.

- Oh quelle bonne nouvelle ! Dit-elle en sautant de joie dans la pièce telle une gamine. Nous devons fêter çà, depuis longtemps qu'il le désirait ! Je suis si heureuse pour toi mon chéri ! ajouta-t-elle en venant l'embrasser à son tour.

Tous se mirent à manifester leur joie à l'exception de Fraser, le frère jumeau de Fausther, qui se tenait à l'écart et les observait les mains dans les poches de son pantalon, le visage impassible. Son attitude sidéra sa mère qui s'adressa à lui.

- Fraser, cette nouvelle ne te réjouit-elle pas ? Pourquoi restes-tu planté là de marbre à nous observer, l'air indifférent ?

- Que veux-tu que je fasse ? Que je me mette à sauter dans toute la pièce comme vous ?

- Pourquoi pas ? Au moins, tu témoigneras à ton frère que tu es heureux pour lui !

- Mais je *suis* heureux pour lui, c'est juste que... à vous voir et à vous entendre, on aurait dit qu'il intègre l'équipe nationale, c'est bon ! dit-il, amusé, en levant les yeux au ciel.

- Sache que cela ne tardera pas à arriver frérot, ce n'est qu'une question de temps ! rétorqua Fausther.

- Mon fils sera une vedette nationale ! Une vraie star ! renchérit son père, toujours dans l'euphorie.

- Vivement que cela arrive ! dit Fraser en souriant avant de quitter la pièce.

Contrairement à son frère, Fraser n'aimait pas le sport. Il trouvait cela ennuyant et épuisant de devoir courir durant plusieurs minutes sur un terrain dans le seul but de chercher à arracher des mains de ses adversaires... un ballon. Les deux frères jumeaux n'avaient rien en commun, non seulement au niveau du physique, car ils ne se ressemblaient pas du tout, mais également au niveau de leurs centres d'intérêts et d'autres aspects de la vie.

Fausther était passionné de sport comme son père tandis que Fraser, lui, était passionné par l'art comme l'était sa mère. L'un était donc plus proche du père tandis que l'autre l'était plus de la mère.

Leur mère, Catherine, était une grande adepte des tableaux dont elle possédait d'ailleurs une grande collection qu'elle cachait précieusement dans sa cave comme un véritable trésor. C'était elle qui avait transmis à Fraser son amour pour l'art. Depuis petit, elle l'emmenait toujours avec elle au musée ou dans des galeries d'art et elle les avaient même inscrits à des cours de peinture. C'est de là qu'était né cet amour pour l'art et c'était donc naturellement que Fraser avait décidé de poursuivre ses études dans cet univers. Il suivait des cours de sculpture et de peinture dans la même université que son frère et voulait exceller dans ces domaines avec le temps afin de se faire un nom dans ce milieu.

Fausther et Fraser étaient très proches, inséparables comme les doigts de la main, lorsqu'ils étaient enfants, mais arrivés à l'adolescence, les choses ont changé. Fraser a commencé à s'éloigner de son frère et à se renfermer sur lui-même. Son attitude n'a pas inquiété que son frère, mais également ses parents et son entourage qui ne comprenaient pas l'attitude du jeune garçon qui préférait toujours rester seul et passer la majeure partie de son temps enfermé dans sa chambre. Sa vie était rythmée entre ses cours et sa chambre. Il avait peu ou pas d'amis. Il était très énigmatique, au grand désespoir de sa famille qui ne savait plus à quel saint se vouer pour le faire sortir de sa coquille. Le seul ami qu'il leur avait présenté et qu'ils connaissaient tous était son condisciple de classe Matthieu qui venait de temps en temps chez eux. Fausther avait essayé à plusieurs reprises de se rapprocher de ce dernier pour soutirer quelques informations concernant la vie de son frère, mais c'était peine perdue, Matthieu était aussi cachotier que son ami.

Avant que Fausther ne se convertisse et donne sa vie à Jésus, il avait essayé à plusieurs reprises d'initier son frère à l'alcool, aux sorties et aux femmes, mais ce dernier était toujours réfractaire. D'ailleurs, Fausther ne savait rien de sa vie sentimentale jusqu'à ce jour, ce dernier restait toujours muet comme une carpe lorsqu'il abordait le sujet et refusait catégoriquement de se confier à lui. Il était déçu qu'ils ne soient pas aussi proches que cela pour des jumeaux, et avait fini par jeter l'éponge et à l'accepter tel qu'il était.

L'entraîneur de l'équipe fit à nouveau les présentations aux joueurs à cause de Fausther qui était nouveau puis leur donna quelques instructions avant qu'ils ne partent sur le terrain où les attendait un public en délire. Il alla guetter la salle derrière le rideau qui les séparait et les Pom-pom girls qui étaient occupées à divertir la foule étaient sur le point de finir leur magnifique prestation de danse.

L'équipe de la Faculté avait réussi à arriver en quart

de finale et disputait maintenant le match pour la demi-finale. Fausther avait la pression parce qu'il était le nouveau de la bande et craignait que ses coéquipiers regrettent son intégration au sein de l'équipe s'il ne se montrait pas à la hauteur.

L'équipe qu'ils allaient affronter était très talentueuse et leur entraîneur, Carlos, attendait beaucoup d'eux au cours de ce match. La fédération nationale de basketball de leur pays avait organisé un championnat exclusivement réservé aux équipes de toutes les universités, c'était une première et il était important de se démarquer pour avoir une chance d'intégrer l'équipe nationale. Une équipe avait été sélectionnée dans chaque province et c'était la sienne qui avait réussi à se démarquer. C'était une occasion en or et il en avait conscience.

Le coup de sifflet marquant le début du match retentit et ils poussèrent tous leurs cris de guerre avant de se lancer en courant sur le terrain. Fausther fut ému en observant la foule euphorique qui applaudissait, cela faisait longtemps qu'il n'avait pas été sur le terrain et qu'il n'avait plus ressenti cette adrénaline. Il se sentait à sa place et avait hâte de pouvoir mettre en pratique toutes les techniques de drible et de passe qu'il avait apprises ces derniers temps.

Après des échanges de mains avec la partie adverse, le match commença. Contrairement à ce qu'il craignait, leur équipe avait largement le dessus sur leur adversaire et un membre en particulier semblait se démarquer du lot par ses prouesses. Il avait une telle expérience que tous les autres membres de l'équipe semblaient inexpérimentés face à lui. Il arrivait à arracher le ballon des mains de ses adversaires avec une telle facilité que cela était hallucinant. Bien que Fausther avait beaucoup progressé et que certains de ses coéquipiers le félicitaient en lui donnant une tape sur l'épaule chaque fois qu'il venait à marquer un panier, il se sentait tout de même pitoyable à côté de l'autre qui se distinguait largement.

Le match se termina quelques heures plus tard sous la victoire des *Eagles*, l'équipe de Fausther. Heureux, les joueurs qui se changeaient maintenant dans les vestiaires exprimèrent leur joie en s'encourageant les uns et les autres sur les prouesses qu'ils avaient accomplies sur le terrain.

- Félicitations Fausther, tu as assuré comme un pro ! Lui dit l'un des joueurs en lui donnant une petite tape amicale sur l'épaule.

- Merci. Répondit-il en souriant.

Fausther constata que son coéquipier qui avait marqué presque tous les paniers se tenait à l'écart des autres, d'ailleurs personne ne semblait lui prêter la moindre attention. C'était lui, il le reconnaissait en toute humilité, qui avait amené son équipe à la victoire, il s'attendait donc à le voir recevoir des compliments de la part des autres, mais ce n'était pas le cas, ce qui l'intrigua.

Leur entraîneur fit son entrée dans la pièce à ce moment-là et les félicita avant de se mettre à critiquer les erreurs des uns et des autres.

- Vous auriez pu faire mieux si vous vous étiez donné à fond et si vous aviez appliqué tout ce que je vous ai enseigné. Au lieu de cela, j'ai vu chacun jouer son propre jeu et faire du n'importe quoi. Vous n'avez pas été à la hauteur de ce que j'espérais de vous et vous pouvez vous estimer heureux que vos adversaires n'étaient pas dans leur forme habituelle aujourd'hui, sinon ils vous auraient mis une belle raclée.

Il marqua une pause en le dévisageant tous, avant de poursuivre.

- Vous avez gagné de justesse, à quelques points près, il n'y a donc pas de quoi être aussi fiers… je reste toujours sur ma faim. Dieu merci, nous accédons à la demi-finale… par le plus grand des miracles. Ajouta-t-il en les dévisageant tous. En dehors des entraînements que nous faisons ici, j'ai besoin que vous vous exerciez davantage chez vous, sans répit. Est-ce que je me suis bien fait comprendre ? demanda-t-il d'une voix ferme.

- Oui, Chef ! répondirent-ils tous en chœur.

- Bien. Sur ce, passez une agréable soirée et on se

revoit demain pour les entraînements. Lança-t-il avant de quitter la pièce.

Les joueurs se regardèrent tous en levant les yeux au ciel et en pouffant.

- Ce n'est pas vrai, il n'est jamais content ! Lâcha un, énervé.

- On compte les fois où il nous a déjà félicités. Laissez-moi réfléchir… jamais !

- Même si on avait gagné avec beaucoup de points d'écart, je vous assure qu'il aurait toujours trouvé quelque chose à dire.

- Ce n'est qu'un vieux grincheux, voilà tout !

- Pourquoi est-il toujours aussi négatif ?

- Parce que sa femme ne lui donne sans doute pas ce qu'il lui demande les soirs !

Ils éclatèrent tous de rire, amusés par l'avis de leur ami.

- Qu'il se prenne une maîtresse dans ce cas ! Une belle jeunette çà devrait faire l'affaire ! Suggéra un en rigolant.

- Quoi qu'il puisse dire, nous avons bien joué les gars et nous pouvons être fiers de nous. Reprit le capitaine de l'équipe, d'un ton plus sérieux cette fois-ci. Nous avons battu l'une des meilleures équipes de la compétition et pour tout vous dire, je n'y croyais pas. Cela m'a permis néanmoins de comprendre une chose : nous pouvons gagner cette coupe si nous nous donnons véritablement les moyens.

Ils hochèrent tous la tête, entièrement d'accord avec lui.

- Comme Carlos l'a dit, nous devons nous entraîner davantage, améliorer nos techniques et surtout travailler en équipe sur le terrain. Reprit-il. Ce serait un véritable honneur de pouvoir apporter cette coupe à notre université, je ne sais pas pour vous, mais moi c'est mon rêve. C'est la première fois que la fédération nationale organise ce genre de compétition et si nous gagnons, cela restera à jamais dans les annales. Qui veut remporter cette coupe ? demanda-t-il en levant lui-même la main.

Les autres l'imitèrent.

- Alors, faisons ce que nous avons à faire, travaillons sans relâche. Dit-il en leur faisant un clin d'œil.

Ils quittèrent les vestiaires sur cette note d'encouragement de leur capitaine, ayant hâte de se retrouver à nouveau sur le terrain.

Alors que Fausther s'apprêtait à monter dans sa voiture, prêt à quitter l'établissement, son coéquipier dont il admirait les prouesses sortit à ce moment-là. Il attendit qu'il soit près de lui pour lui parler.

- C'est Jason, c'est ça ? lui demanda-t-il.

- Oui. Répondit ce dernier avec hésitation, étonné qu'il l'aborde.

- Je voulais te féliciter pour tes exploits tout à l'heure sur le terrain, tu as assuré comme un pro... je me sentais presque minable à côté de toi. Avoua-t-il en toute humilité.

- Pourquoi donc ?

- Parce que tu as une telle expérience ! Tu joues depuis ? demanda Fausther, curieux.

- Depuis mon enfance, oui.

- Cela se voit. Tes techniques de drible et de passe sont juste incroyables... Ça te dirait qu'on s'entraîne ensemble ? demanda-t-il avec hésitation.

- Tu le souhaites vraiment ?

- Bien sûr ! Il n'y a pas de honte à chercher à apprendre des autres lorsqu'ils sont plus performants que vous.

Jason hocha la tête.

- Tu veux qu'on s'entraîne où ? Le terrain n'est libre qu'à partir de dix-huit heures, tous les jours.

- Justement, j'ai un terrain de basket chez moi. On pourrait s'entraîner là-bas si cela ne te dérange pas.

- Non, pas du tout. On commence quand ?

- Demain ça te va ?

Jason réfléchit un bref instant avant de répondre.

- Ça me va.

- Très bien. À demain alors !... Je suis sur le point de partir, tu veux que je t'avance en chemin ?

- Non merci, je ne vais pas loin. Je m'arrête juste devant.

- OK. À demain. Dit Fausther en montant dans sa voiture et en démarrant.

Jason l'observa s'éloigner. Il avait été surpris qu'il l'aborde avec une telle sympathie, mais surtout qu'il apprécie son jeu. Il avait tellement l'habitude d'être ignoré par les autres que cela l'avait désorienté. Jamais personne ne l'avait complimenté sur son jeu et de surcroît cherché à apprendre de lui. Cela lui fit chaud au cœur et une pour une fois, il avait l'impression d'avoir de la valeur.

2

Le lendemain, comme convenu, Fausther et Jason se retrouvèrent chez le jeune garçon pour s'entraîner. Il le présenta à ses parents avant de se diriger directement vers la salle de basket qui était au sous-sol de la maison.

Cela faisait quelques mois qu'ils avaient aménagé dans cette magnifique demeure et son père avait tenu à prendre une maison avec une salle d'entraînement pour faire plaisir à son fils. Il lui avait fait la surprise et ce dernier s'était mis à pleurer tel un gamin lorsqu'il l'avait découvert. Il n'en croyait pas ses yeux, c'était l'un des plus beaux cadeaux qu'on lui avait offerts jusqu'à présent. Pour ne pas créer de jalousie entre les deux frères, il avait offert des cours de sculpture à Fraser dans une école spécialisée, pour le grand plaisir de ce dernier. Chacun avait donc eu son petit cadeau et était content.

Marc, leur père, n'hésitait pas à se sacrifier financièrement pour leur faire plaisir chaque fois qu'il en avait la possibilité. C'étaient des garçons sans histoire et respectueux qui suscitaient de l'admiration auprès des autres parents.

Contrairement à la jeunesse d'aujourd'hui qui était addicte à toutes sortes de vices, Fausther et Fraser étaient plutôt sages et n'avaient d'intérêt que pour leurs passions respectives. Aussi, ils avaient fait tous les deux un parcours sans faute depuis la maternelle jusqu'à maintenant, alors qu'ils étaient en dernière année d'université. Leur père était très fier d'eux.

Jason s'avéra être un excellent enseignant. Il détecta plusieurs erreurs techniques chez Fausther et le lui fit savoir avant de lui prodiguer quelques conseils dans le but d'améliorer son jeu. Les jeunes hommes s'entraînèrent durant des heures, ne voyant pas le temps passer, obsédés par l'idée de se perfectionner. Quelque temps après, Fraser fit son apparition dans la salle, les saluant. Il prit un air surpris lorsque son regard croisa celui de Jason puis sembla mal à l'aise tout d'un coup.

- Vous vous connaissez ? demanda Fausther qui avait suivi sa réaction. Il fronça les sourcils, les regardant à tour de rôle.

- Pas du tout. Répondit rapidement son frère.

- J'ai cru un moment que… bref. Jason, je te présente Fraser, mon frère jumeau… oui, je sais, on ne se ressemble pas du tout. Ajouta-t-il rapidement en riant comme le jeune homme les dévisageait à tour de rôle, cherchant désespérément des traits de ressemblance entre les deux.

- Enchanté. dit Jason.

Fraser hocha la tête.

- Maman m'envoie vous chercher pour le repas, paraî-trait-il que cela fait des heures que vous vous entraînez. Dit-il en se tournant vers son frère.

- Effectivement. Wouah… l'heure est bien avancée. Dit Fausther, ahuri, en consultant sa montre. Dis-lui qu'on arrive, nous allons prendre une douche avant de descendre, nous sommes trempés de sueur.

Fraser hocha la tête avant de quitter la pièce. Fausther invita Jason à le suivre dans sa chambre puis proposa qu'ils aillent se doucher ensemble, mais ce dernier refusa, préférant se doucher seul. Le jeune homme ne trouva aucun inconvénient à cela et se dirigea alors en premier dans la salle de bain. Lorsqu'il sortit, ce fut à Jason de le remplacer.

Lorsque Jason sortit de la salle de bain, quelques minutes plus tard, il trouva Fausther en train de ranger des documents sur son bureau puis aperçut une Bible.

- Tu lis la Bible ? Tu es croyant ? demanda-t-il, intrigué.

- Oui. Répondit Fausther, fièrement. Ma vie n'est plus la même depuis que je marche en conformité avec la parole de Dieu, mon gars. Donner sa vie à Jésus est la meilleure chose que nous puissions faire sur cette terre, crois-moi. Ajouta-t-il en la saisissant et en faisant mine de la parcourir.

- Tu n'es pas un peu jeune pour ça ?

- Il n'y a pas d'âge pour être un serviteur de Dieu. Répondit Fausther, amusé par la question de son ami.

- Qu'est-ce qui te plaît dans la religion ?

- Tout. Mais plus particulièrement l'amour de Dieu. C'est quelque chose qui m'a toujours intrigué, tu sais, et que j'ai toujours du mal à comprendre jusqu'à ce jour. C'est vraiment un mystère. Comment quelqu'un peut-il nous aimer sans condition et nous accepter tel que nous sommes avec nos défauts et nos imperfections sans nous juger ? Alors que le monde nous rejette et nous regarde avec dégoût pour diverses raisons, Lui, Il nous tend ses bras... ses bras d'amour.

- Le mot *amour* revient beaucoup dans ton discours. Constata Jason.

- Mais parce que Dieu est amour, tout simplement. C'est le seul mot qui me vient en tête pour le décrire. Nous devons suivre son exemple et aimer tout le monde sans exception, donner de l'amour autour de nous, c'est tout ce qu'il attend de nous.

L'on frappa à la porte à ce moment. Sa mère fit son apparition dans la pièce en leur priant de descendre avant que le repas ne refroidisse. Ils la suivirent instantanément.

Une fois à table, Marc s'intéressa au nouvel ami de son fils.

- Alors, Jason, tu es un vrai pro à ce qu'il paraît ! Tu es originaire de cette ville ? D'où te vient cet amour du basket ? Tu y joues depuis ? Es-tu inscrit dans un club ?

- Papa, tu lui poses mille questions à la fois ! intervint Fausther en pouffant, mal à l'aise.

Son père se mit à rire en s'excusant.

- Excuse-moi mon garçon, je suis assez curieux, je dois te l'avouer.

- Ne vous excusez pas. Répondit Jason. Je suis né dans cette ville et j'ai toujours aimé le sport depuis mon jeune âge. Mon père m'avait d'ailleurs inscrit à toutes les disciplines possibles, jusqu'à ce que je trouve ce qui me passionnait véritablement : le basket. J'ai été dans un club de football, de handball, d'athlétisme, de karaté, de judo et j'en passe. J'ai pratiqué beaucoup de disciplines. Chaque fois que je n'étais pas en cours, je m'entraînais.

- Pauvre garçon, tu n'as pas dû profiter de ta jeunesse entre tous ces entraînements. Intervint Sarah, leur mère, d'une voix douce.

- Cela ne me dérangeait pas, au contraire. Je préférais ça que de passer mon temps à traîner comme les copains de mon âge qui ne pratiquaient aucun sport, aucune activité. Le sport était un moyen pour moi de m'occuper, de faire le vide dans mon esprit et cela n'a pas changé aujourd'hui. Chaque fois que j'ai du temps libre, je m'entraîne ou encore je regarde sur internet comment améliorer mes techniques.

- Il a vraiment une technique de jeu incroyable papa, tu devrais venir le voir jouer la prochaine fois qu'on s'entraînera. Suggéra Fausther.

- Je suis heureux que mon fils ait rencontré quelqu'un qui soit autant passionné que lui par le sport... Si seulement cette passion pouvait être communicatrice ! ajouta-t-il à l'égard de Fraser, qui ne disait mot depuis le début du repas.

- As-tu des frères et sœurs, Jason ? demanda Sarah.

- Oui. J'ai deux jeunes frères qui sont au lycée.

- Pratiquent-ils aussi un sport ?

- Ils sont dans un club de football tous les deux. Mon père a toujours tenu à ce que ses enfants pratiquent une activité sportive, c'est très important pour lui.

- Est-il sportif, lui-même ? demanda Marc.

- Non, c'est çà qui est le plus marrant dans l'histoire ! Répondit Jason en riant... Votre repas est très délicieux Madame Jackson, je me retiens de me lécher les doigts.

- Merci Jason. Répondit cette dernière en rougissant, flattée.

Le dîner s'acheva dans une bonne ambiance et Jason décida de prendre congé d'eux lorsque la nuit commença à tomber. Fausther le raccompagna à la porte et le remercia encore d'avoir accepté de s'entraîner avec lui.

- Merci encore Jason, tu es un excellent professeur, vraiment.

- C'est moi qui te remercie de m'avoir fait confiance et aussi de m'avoir invité chez toi. On se voit demain au cours ?

- Évidemment. Tu veux que je te raccompagne ?

- Non, ne t'embête avec ça. Je suis un grand garçon, je vais rentrer tout seul.

- Bien, tu me fais signe alors dès que tu arrives chez toi.

- Pas de souci.

Il tourna les talons puis se retourna comme s'il avait oublié de dire quelque chose.

- Au fait… ta famille est géniale… Tu devrais en profiter.

- Merci.

Fausther, exténué par la journée, alla dans sa chambre et s'allongea sur son lit. Son frère cogna, avant d'entrer quelques minutes plus tard.

- Tu dors déjà ?! lui demanda-t-il, surpris.

- Oui, je suis mort de fatigue.

Fraser semblait mal à l'aise tout d'un coup. On avait l'impression qu'il se retenait de quelque chose.

- Tout va bien ? Lui demanda son frère, en fronçant les sourcils.

- Oui, oui… Dis-moi, comment connais-tu Jason ? demanda-t-il après un bref moment d'hésitation, se frottant nerveusement les mains.

- Il y a un cours que nous suivons en commun, mais c'est surtout lorsque j'ai intégré l'équipe de basket que je me suis rapproché de lui. Comme il est très doué, je lui ai proposé de m'apprendre quelques techniques. C'est très gentil de sa part d'avoir accepté, il aurait pu refuser afin de conserver son jeu pour lui et être toujours le meilleur sur le terrain et recevoir tous les honneurs. C'est un milieu très vicieux, tu sais.

- J'imagine. Tu penses… qu'il deviendra ton ami ?

- J'aimerais bien, il a l'air très sympa. Il ne m'a pas l'air d'avoir beaucoup d'amis et est toujours seul, ça me fait de la peine. Les autres membres de l'équipe l'ignorent complètement et je ne sais pas pourquoi… pourquoi me poses-tu ces questions ?

- Pour rien, juste pour savoir. Je venais t'emprunter ton rasoir électrique. Je peux ?

- Bien sûr.

Fraser se dirigea dans la douche avant de ressortir

avec l'objet qu'il tenait dans sa main.

- Bonne nuit. Dit-il.

- Bonne nuit.

Il quitta la pièce, sur ce.

L e lendemain, à l'heure de la permanence, alors que Fausther feuilletait une revue sur la pelouse, Jason s'approcha de lui et demanda s'il pouvait prendre place à ses côtés, Fausther accepta volontiers.

- Qu'est-ce que tu lis ? demanda Jason d'un ton curieux en désignant du menton le magazine qu'il tenait entre les mains.

- Un magazine de sport.

- Ah les étudiants ! On les voit au loin, la tête penchée sur des bouquets, l'air studieux, pensant qu'ils révisent leurs leçons alors que ces derniers *lisent* des magazines de sport. Plaisanta Jason.

- Ça va, il y a bien un temps pour tout. Il faut savoir se relaxer dans la vie. Répondit Fausther, amusé.

- Je confirme !... J'ai appris que la séance d'entraîne-ment d'aujourd'hui a été annulée.

- Oui. La mère de Carlos est décédée hier dans la nuit, le pauvre. Ce n'est vraiment pas de chance alors que nous sommes en pleine compétition.

- Il voyagera du coup ?

- Oui, je crois même qu'il est déjà à l'aéroport. Certains gars de l'équipe l'ont accompagné, d'autres ont même dormi chez lui cette nuit.

- C'est vraiment aimable de leur part.

Fausther fit sortir de son sac une gamelle de poulet et de frites qu'il proposa à Jason.

- Tu en veux ?

- Je ne dirais pas non, merci. Répondit ce dernier en saisissant une aile de poulet frit qu'il croqua à pleines dents. C'est délicieux. Tu les as achetés où ?

- J'ai honte de le dire, mais... c'est ma mère qui me fait mon repas chaque jour. Dit Fausther en faisant la moue, gêné. J'ai l'impression d'être un gamin à qui on prépare encore son goûter. Trop la honte !

Jason éclata de rire.

- Tu te moques de moi ? demanda Fausther en souriant.

- C'est à cause de la tête que tu as faite ! On aurait dit que tu es prêt à entrer sous terre. C'est trop marrant... mais en même temps c'est touchant. Tu as une mère très attentionnée, tu devrais être content et en profiter. Je suppose que tu quitteras le cocon familial après l'obtention de ton diplôme ?

- Oui. Mon oncle a un cabinet, mais c'est en province. Il accepte de me prendre sous ses ailes et de me former après mon diplôme le temps que j'acquiers de l'expérience.

- C'est génial.

- Oui, j'ai vraiment de la chance. Mais ce qui est embêtant c'est qu'on vient juste d'aménager dans cette ville et je commençais déjà à m'y habituer. Il faudra encore que j'aille ailleurs, tel un nomade. On n'a fait que déménager ces dernières années et c'est un peu déroutant.

- Pourquoi est-ce que vous déménagez autant ? demanda Jason en croquant à pleines dents dans son morceau de viande.

- C'est à cause de mon père. Il est entraîneur professionnel et on lui propose de nouveaux contrats avec d'autres équipes à chaque fois.

- Je vois. Mais au moins, tu partiras cette fois-ci pour ton avenir et tu auras la possibilité de décider de toi-même si tu veux rester ou pas.

- C'est exact.

Alors qu'ils discutaient encore, deux jeunes hommes prirent place à quelques mètres d'eux puis se mirent à avoir des gestes affectueux l'un envers l'autre. Ne supportant pas ce que ses yeux voyaient, Fausther détourna le visage.

- Je n'y crois pas ! dit-il d'un air dégoûté.

- Qu'y a-t-il ?

- Un couple d'homosexuels, juste derrière nous. Dit-il en désignant discrètement le couple.

Jason se retourna pour les observer puis se retourna vers lui.

- Ça te dérange ?

- Oui, je ne supporte pas de voir çà. Ça me dégoûte.

- Pourquoi, tu es homophobe ?

Fausther prit une grande inspiration avant de répondre.

- Je ne sais pas. Tout ce que je sais ce qu'il y a des choses qui me rebutent dans la vie et cela en fait partie. Je ne comprends pas comment deux personnes du même sexe peuvent être attirées l'une envers l'autre, c'est juste inimaginable… et écœurant. J'essaie de me faire à l'idée, mais je n'y arrive pas.

- C'est bizarre, tu vois, parce que… hier chez toi tu m'as dit que tu étais chrétien et que vous devez donner de l'amour à tout le monde autour de vous, *sans exception*. Tu as dit que c'est çà que Dieu attendait de vous. En te comportant de la sorte ne penses-tu pas que tu n'es pas en règle avec ta religion et que tu offenses ton Dieu ?

Piqué au vif, Fausther ne sut quoi répondre sur le coup.

- Tu as raison, mais… il y a certaines choses qui ne sont pas faciles à cautionner… Et puis c'est contre nature ! répondit Fausther pour se défendre.

- Moi je pense que tu ne devrais pas juger. Dit timidement Jason.

Lorsque Fausther porta à nouveau ses yeux vers les amoureux, ces derniers s'embrassaient maintenant sans aucune gêne.

- C'est trop pour moi, je ne peux pas voir çà. Dit-il en se levant, écœuré. Je m'en vais, tu viens ?

Jason hésita un moment avant de répondre.

- Humm, non, je vais encore un peu…

- Très bien. Dit Fausther en ramassant ses affaires et en s'éloignant.

Il revint ensuite sur ses pas.

- Ça te dirait qu'on s'entraîne encore chez moi ?

- Pourquoi pas ? C'est une bonne idée.

- On programme ça pour demain alors ? Nous allons tous dîner ce soir au restaurant pour l'anniversaire de ma mère, ce ne sera donc pas possible aujourd'hui.

- Demain, ça me va.

- Cool. Bonne journée. Dit Fausther en s'éloignant.

Jason le regarda longuement s'éloigner avant de porter son regard vers le jeune couple, de pousser un léger soupir et de s'allonger à même la pelouse, les mains derrière la nuque et les yeux fixés au ciel.

- Pourquoi… murmura-t-il avant de fermer les yeux.

3

Au fil du temps, les deux jeunes hommes se lièrent profondément d'amitié. En dehors des entraînements qu'ils faisaient en équipe, ils se retrouvaient également chez Fausther pour se perfectionner. La demi-finale était prévue dans deux jours et ils n'avaient pas droit à l'erreur. Ils voulaient surtout prouver à Carlos qu'avec ou sans lui, ils parviendraient à la victoire. Ils voulaient que leur entraîneur soit fier d'eux et qu'il reconnaisse enfin qu'ils avaient beaucoup progressé.

Les deux jeunes hommes s'entraînaient sans relâche au point qu'ils oubliaient de manger. Le père de Fausther qui était aussi stressé qu'eux à cause de la demi-finale venait les encourager autant qu'il le pouvait. C'était sa manière à lui de les soutenir.

Un soir, alors qu'il allait les retrouver dans la salle d'entraînement, il les trouva assis à même le sol, exténués et trempés de sueur. Ils s'entraînaient depuis l'après-midi et il se faisait déjà tard.

- Je crois qu'il est temps d'arrêter les garçons, vous ne devez pas vous dépenser autant à deux jours de la compétition, ce n'est pas prudent... Tenez, cela vous fera du bien. Dit-il en leur tendant à chacun une boisson rafraîchissante.

- Merci. Répondirent-ils en chœur et en ouvrant en même temps leur canette qu'ils portèrent aussitôt à leur bouche.

- Ça été l'entraînement ?

Les deux amis hochèrent la tête.

- En tout cas, je vois déjà une énorme amélioration dans le jeu de Fausther et c'est grâce à toi Jason, tu es un bon garçon. Merci. Dit Marc.

- Tout le plaisir est pour moi, Monsieur Jackson.

Jason finit sa boisson d'un trait puis se leva.

- Il se fait tard, je vais devoir rentrer. Dit-il.

- Rentrer ? À une heure aussi tardive ? Ce n'est pas une bonne idée. Donne-moi les numéros de tes parents que je les appelle pour leur dire que tu resteras coucher ici ce soir.

- Je ne suis plus un enfant, Monsieur Jackson. Dit Jason en riant. Je les appellerai moi-même pour le leur dire. C'est gentil à vous de me proposer de rester ici ce soir.

- C'est normal. Allez, filez prendre une douche maintenant et mettez-vous quelque chose sous la dent avant de vous coucher pour prendre des forces. Vous avez bossé comme des malades aujourd'hui. Vous devez être en forme pour le match. Bonne soirée.

- Bonne soirée !

Marc s'en alla, laissant les deux amis, épuisés par leurs efforts physiques. Suivant ses conseils à la lettre, ils allèrent se doucher et commandèrent des pizzas qu'ils dégustèrent avec appétit avant d'aller se coucher.

Fausther plongea sur son lit, imité par Jason.

- Cela fait longtemps que je n'ai plus dormi sur des draps aussi soyeux et sur un bon matelas confortable. Ça fait du bien. Dit Jason.

- Comment ça ? demanda Fausther en fronçant les sourcils.

- Pardon ?

- Tu viens de dire que cela faisait longtemps que tu avais dormi sur un matelas confortable, je cherche à comprendre.

- Oh, laisse tomber ! dit Jason d'un rire nerveux. Contrairement au tien, mon matelas est tout aplati. Rien de plus ! Mais c'est à cause des années, c'est pour cela. Je l'ai depuis que je suis au collège.

- Tu devrais le changer.

- Oui, je le ferai d'ici là.

Ils restèrent un moment silencieux avant que Fausther ne prenne la parole. Les bras croisés derrière la tête et les yeux fixés au plafond, il se tourna vers Jason.

- Jason ?

- Oui ?

- Je sais que je suis le nouveau de la bande, mais… il y a quelque chose que j'ai remarqué au sein de l'équipe et qui m'intrigue.

- Quoi donc ?

- Pourquoi est-ce que j'ai l'impression que tout le monde te tient à l'écart ? Et j'ai également le sentiment que tu ne fais rien pour te rapprocher d'eux, il y a comme… une espèce de distance entre vous. Je ne sais pas, c'est bizarre. La tension est assez étrange, je dois l'avouer. Est-ce que vous êtes en froid ? As-tu eu des ennuis avec l'un d'eux ? Je préfère te poser la question à toi parce que tu es celui dont je suis le plus proche aujourd'hui.

- Il n'y a aucun problème, tu peux te rassurer. Tu te fais du souci pour rien.

- Tu en es sûr ?

- Puisque je te le dis ! dit Jason d'un rire forcé.

Il s'étira en bâillant paresseusement.

- Je ne sais pas pour toi, mais moi j'ai sommeil. Bonne nuit.

Fausther le regarda un moment avant de hausser les épaules.

- Bonne nuit. Dit-il en se blottissant dans les draps et en éteignant la veilleuse qui était à son chevet.

L a foule était en délire et attendait impatiemment le retentissement du sifflet pour signaler le début du match. Les équipes opposées se tenaient, chacune, dans leurs vestiaires respectifs.

- Est-ce que vous êtes prêts à mettre le feu sur le terrain et casser la baraque ? cria le capitaine de l'équipe de Fausther.

- Oui !!! répondirent-ils tous en chœur.

- Hipipip…

- Houraa !!!!

Ils s'élancèrent en courant sur le terrain, prêts à montrer de quoi ils étaient capables. L'équipe adverse était l'une des plus redoutées de la compétition, mais depuis leur exploit de la dernière fois, ils n'avaient plus peur et n'étaient plus influencés par leur adversaire.

Les deux équipes se retrouvèrent sur le terrain et saluèrent les supporters qui étaient venus nombreux.

Toute la salle était pleine à craquer. Les parents de Fausther étaient venus l'encourager et se tenaient dans les gradins avec les autres supporters. Fraser, qui n'était pas un adepte de sport n'était pas là, comme tout le monde pouvait s'y attendre. Il n'avait jamais pris part à un seul match dans lequel son frère jouait au grand désespoir de ses parents qui le traitaient souvent d'égoïste, car Fausther, lui, bien qu'il détestait l'art, faisait des efforts en assistant à quelques événements auxquels son frère prenait part dans ce milieu. Au début, l'attitude de son frère le touchait profondément, mais il avait fini par faire une impasse avec le temps et se faire une raison. Il n'aimait pas le sport, c'était comme ça.

Le coup de sifflet retentit et ils se serrèrent les mains avant de commencer le match. L'équipe adverse domina le jeu au début du match. Fausther et ses coéquipiers reconnaissaient qu'ils avaient en face d'eux des adversaires redoutables et que la tâche ne serait pas aussi facile qu'ils l'avaient espéré. Ils se faisaient arracher le ballon des mains par leurs rivaux avec une telle facilité. Ces derniers avaient une technique de jeu assez effrayante. Certains membres de l'équipe commençaient par se décourager en poussant des soupirs chaque fois que leurs adversaires marquaient des paniers. L'écart des points était juste incroyable et ils voyaient la victoire leur passer sous le nez.

Pendant la mi-temps, alors qu'ils étaient tous les vestiaires, le capitaine de l'équipe constata qu'ils avaient tous l'air abattus.

- C'est quoi ces mines tristes que vous affichez ? Vous avez des têtes des perdants !

- C'est peut-être ce qu'on sera aujourd'hui... des perdants. Répondit l'un d'eux, l'air déboussolé.

- Ils sont très redoutables et ils nous mettent littéralement une raclée. Franchement, je n'ai même plus envie de retourner sur ce terrain si c'est pour nous faire massacrer de la sorte.

- Ils sont vraiment très forts... Ils ont déjà gagné le match.

Le capitaine était choqué par les interventions des membres de son équipe.

- Non, mais... est-ce que vous vous rendez compte que vous déclarez déjà forfait et que vous leur attribuez déjà la victoire ?

- Soyons réalistes Pat, nous n'avons aucune chance de remporter ce match !

- Ça, c'est vous qui le dites et c'est ce qui arrivera si vous retournez sur ce terrain avec cet état d'esprit ! Pour ma part, je n'ai pas dit mon dernier mot et même s'ils nous devancent de beaucoup par les points, cela ne suffit pas à me décourager. Écoutez-moi...

Il leur demanda de se rapprocher d'un signe de la

main. Ils s'exécutèrent sans broncher.

- Notre ambition première concernant ce match était de remporter la victoire, non seulement pour nous prouver à tous que tous les sacrifices que nous avons faits en nous entraînant sans relâche nous ne les avons pas faits en vain, mais en plus de cela pour que Carlos soit fier de nous. Il attend beaucoup de nous et remporter ce match serait la plus belle chose que nous aurions à lui offrir en ces moments douloureux qu'il traverse.

Certains hochèrent la tête, approuvant tout à fait ses propos.

- Nous ne devons pas avoir peur de notre adversaire. Il est redoutable soit, mais il n'est pas imbattable.

- Est-ce que je peux dire quelque chose ? demanda Fausther en levant la main, l'air hésitant.

Pat le dévisagea un moment avant de hocher la tête.

- Je t'en prie. Dit-il.

- Je ne sais pas s'il y a des croyants parmi vous ou si certains ont l'habitude de lire la Bible, mais j'aimerais nous encourager tous avec l'histoire du jeune David qui a tué Goliath. C'était un guerrier très robuste, craint par tout le monde, un véritable adversaire qui semait la terreur autour de lui. Personne ne se sentait capable de le vaincre, personne sauf David, un jeune berger qui gardait le troupeau de son père. Contrairement à ses aînés, il a décidé de le confronter et il avait la ferme assurance qu'il arriverait à le battre. Tout le monde l'a méprisé et le trouvait culotté de vouloir s'opposer à Goliath, lui, un gamin. Personne ne pariait sur sa victoire, mais laissez-moi vous dire qu'il a remporté la bataille à la grande stupéfaction de tous. Si je prends cet exemple de la Bible, c'est parce que nous sommes un peu face à cette situation. Nous sommes des David et nous avons pour adversaire Goliath. Personne ne mise sur notre victoire, la preuve, même vous n'y croyez pas. Mais je veux nous encourager à changer d'état d'esprit. Il faut que nous retournions sur ce terrain avec la rage au ventre, déterminés à terrasser nos adversaires et à leur mettre une raclée qu'ils ne verront pas venir.

- Tu as raison.

- La première chose que nous avons à faire est de chercher leurs points forts et de nous appuyer sur ça pour les déstabiliser.

- Ils misent beaucoup sur le numéro huit, c'est à lui que l'on confie quasiment toutes les passes pour marquer le panier. Intervint l'un d'eux.

- C'est déjà un bon point. Nous devons donc l'encercler pour éviter qu'il marque davantage des paniers... quoi d'autre ?

Ils passèrent tous en revue les points forts de leurs adversaires et décidèrent de s'appuyer dessus pour les dominer.

- Faisons notre part et Dieu fera le reste. Si nous remportons ce match... gloire à Dieu, si ce n'est pas le cas et bien ce n'est pas grave au moins nous aurons donné le meilleur de nous-mêmes... Quoi qu'il en soit, partons avec l'esprit des vainqueurs et non des vaincus. Ajouta Fausther en souriant.

- Tu as réussi à nous remonter le moral.

- Si la Bible a beaucoup d'histoires comme celle dont tu viens de nous parler, et bien les gars je suis prêt à la lire !

Ils rirent tous aux éclats. Le sifflet annonçant la reprise du match retentit et ils se regardèrent tous excités. Contrairement à l'air dépité qu'ils avaient en entrant, ils ressortaient de là joyeux, plus déterminés que jamais. Alors qu'ils se dirigeaient tous vers le terrain, Pat, le capitaine de l'équipe retint Fausther par le bras.

- Merci. Lui dit-il.

Fausther hocha la tête en souriant.

L'équipe adverse ne reconnut pas l'équipe qu'elle avait en face d'elle. C'était maintenant elle qui se faisait massacrer sur le terrain et perdait à tout moment le ballon des mains de ses adversaires. Elle ne comprenait rien et se demandait ce qui avait bien pu se passer dans les vestiaires pour qu'elle revienne aussi métamorphosée. Les joueurs se regardaient tous, ahuris et désorientés par la situation, et s'énervaient chaque fois que l'autre équipe marquait des paniers.

L'équipe de Fausther domina cette fois-ci le match et put rattraper l'écart des points qu'il y avait entre les deux équipes. Cela les encouragea davantage à se surpasser et leurs efforts portèrent du fruit, car elle remporta la partie avec deux points d'écart. Lorsque le sifflet annonçant la fin du match retentit, ils sautèrent tous de joie en s'enlaçant et en esquissant des pas de danse sur le terrain.

Les membres de l'équipe adverse, quant à eux, étaient dépités. Pendant que certains pleuraient à chaudes larmes, d'autres étaient assis à même le sol se tenant la tête dans les mains. Ils n'avaient pas vu cet échec arriver et étaient tous dégoûtés de voir la finale leur passer entre les mains.

Pat souleva Fausther et les autres membres de l'équipe se joignirent à lui pour le jeter dans les airs. Ils avaient gagné et ils lui étaient reconnaissants, car c'était grâce à lui. Il avait réussi à les motiver et à les encourager.

Son père descendit sur le terrain et Fausther accourut vers lui, excité.

- Papa, on a gagné ! On a gagné ! Nous allons en finale ! Lui dit-il, ému.

- Félicitations fiston, je suis fier de toi. Vous avez assuré. Répondit ce dernier en l'enlaçant fortement.

Ils décidèrent tous d'aller dans un fastfood pour fêter leur victoire. Alors qu'ils étaient tous dans l'euphorie et qu'ils se changeaient dans les vestiaires en racontant leur exploit sur le terrain, Fausther constata que Jason n'était plus là. Il le chercha du regard, mais ne le vit nulle part. Où était-il passé ? Il ne l'avait pas vu s'en aller et demanda à certains où il était, personne ne le savait. Un membre de l'équipe lui dit que cela faisait déjà quelques minutes qu'il était parti. Fausther sortit et essaya de le rattraper. Il traversa le couloir et prit la direction de la sortie. Il aperçut son ami au loin et l'interpella.

- Jason !

Ce dernier se retourna pour lui faire face.

- Tu t'en vas ? demanda Fausther en fronçant les sourcils.

- Oui.

- Mais pourquoi ? Nous allons tous fêter notre victoire au fastfood du coin, tu ne viens pas avec nous ?

- Non, ça ne me dit rien du tout… et puis j'ai un autre programme de toutes les façons.

- Tu as un autre programme ? Lequel ?

- C'est un peu personnel. Balbutia Jason.

Fausther ne sachant quoi dire poussa un soupir.

- J'aurais vraiment souhaité que tu sois de la partie. C'est dommage. Dit-il d'un ton triste.

- C'est quoi cette tête d'enterrement que tu fais ? demanda Jason en riant. Ce n'est que partie remise, il y aura d'autres occasions de se retrouver tous ensemble.

- Donc tu ne peux vraiment pas être là ? Tu es sûr ? insista Fausther.

- Non Fausther, et n'insiste pas s'il te plaît.

Les membres de l'équipe sortaient maintenant tous et Pat le capitaine interpella Fausther au loin.

- Il faut que je te laisse. Amusez-vous bien ! dit rapidement Jason en posant une main affectueuse sur son épaule avant de tourner les talons.

Fausther le regarda s'éloigner, déçu qu'il ne puisse pas venir avec eux, puis alla rejoindre les autres membres de l'équipe qui l'attendaient.

4

Quelques jours plus tard, alors que Fausther et Jason mangeaient à la cafétéria de l'université, Fausther constata qu'une jeune fille, qui était sur la table voisine, accompagnée de sa bande de copines, ne cessait de dévisager Jason.

- Tu as une admiratrice, on dirait. Dit-il d'un ton espiègle à son ami, en désignant discrètement du menton la jeune fille qui avait les yeux rivés sur leur table.

Jason se retourna pour la regarder puis pouffa en levant les yeux au ciel, pas du tout intéressé.

- Pourquoi piaffes-tu ? Ce n'est pas ton genre ? Le taquina Fausther à la fois mi-amusé mi-stupéfait par sa réaction.

- C'est Natacha Adams, une volage de service qui jette son dévolu sur tout le monde.

- Elle est mignonne… et en plus elle est populaire. Dit Fausther en sourcillant.

- Je ne suis pas intéressé.

- Elle ne cesse de te dévisager… tiens, sa copine se dirige vers nous. Lui avisa-t-il en faisant mine de se concentrer sur son assiette.

- Bonjour ! dit cette dernière avec un large sourire, une fois devant eux.

- Bonjour ! répondirent-ils en chœur.

- Excusez-moi… mon amie aimerait savoir si elle peut vous offrir à boire ? demanda-t-elle en s'adressant à Jason.

Ce dernier se retourna pour regarder son amie qui lui adressa un sourire charmeur en se massant les cheveux.

- Dites-lui que c'est vraiment gentil de sa part, mais je suis un régime strict en ce moment et je n'ai pas le droit de boire… Je suis vraiment désolé. Ajouta-t-il d'un sourire forcé.

- Oh.

Son mensonge fonctionna, car il n'avait pas encore commandé à boire et qu'il n'y avait par conséquent aucune boisson posée sur la table. La jeune s'en alla déçue.

- Tu es très doué. Dit Fausther en souriant. Elle ne peut pas te proposer à manger, car tu es déjà en train de le faire… à moins qu'elle propose de t'offrir le dessert. Le taquina-t-il.

La jeune fille qui s'était approchée d'eux alla transmettre la réponse de Jason à son amie qui visiblement paraissait très vexée. Elles quittèrent leur table quelques minutes plus tard sans se retourner.

- Oh oh, elles s'en vont. Dit Fausther qui les regarda s'éloigner. Elle a l'air en colère… elle n'a pas l'habitude qu'on lui dise non apparemment… Tu as brisé un cœur mon ami. Ajouta-t-il d'un ton espiègle.

- Cela m'est égal. Dit Jason d'un ton indifférent.

- Tu es quand même étrange comme garçon. J'en connais plusieurs qui auraient sauté sur l'occasion.

- Je ne suis pas un garçon facile. Dit Jason en souriant.

- J'ai constaté… c'est quoi ton type de fille ? demanda Fausther, curieux.

- Je n'en ai pas.

- Tu as une petite amie ? Je ne t'ai jamais posé la question.

- Non. Je suis célibataire et c'est bien mieux ainsi, crois-moi. Cela m'évite tout un tas de problèmes. Répondit Jason, mal à l'aise. La priorité pour moi en ce moment c'est le sport et rien d'autre.

- Moi également. Mais il fut un temps où je ne pouvais pas me passer des femmes. Si c'était à moi que cette fille avait proposé à boire, à l'époque, j'aurais accepté volontiers avec la seule idée en tête de la mettre dans mon lit.

- Ah bon ? Pourquoi ?

- Juste pour remplir mon tableau de chasse et me sentir comment dirais-je ?... *fort*. On faisait comme une sorte de compétition avec des amis pour savoir qui avait le plus de conquêtes. Aujourd'hui avec du recul, je trouve cela complètement stupide et immature et je remercie Dieu de m'avoir sorti de ce gouffre.

Il marqua une pause en portant son verre à sa bouche puis reprit la parole.

- J'ai joué avec les sentiments de plusieurs filles juste pour assouvir mes vices et je n'en suis pas fier. Heureusement, tout ceci fait partie de mon passé maintenant.

- Tu ne dragues donc plus ? demanda Jason d'un ton sceptique.

- Non. La prochaine fille avec qui j'aurai envie de construire une histoire sera ma future femme.

- Tu pratiques donc l'abstinence ?

- Oui.

- Et tu y arrives ?...Excuse-moi, mais c'est un peu difficile à croire pour quelqu'un qui aimait autant les femmes comme toi.

- Je sais et d'ailleurs pour tout t'avouer je ne m'en

croyais pas capable, c'est pour te dire à quel point Dieu est capable de faire des choses extraordinaires dans la vie des gens si seulement on décide de lui faire confiance.

- Tu veux dire que c'est donc Lui qui t'a rendu capable de renoncer aux femmes ?

- Oui. J'ai prié et crié à Lui, je L'ai quasiment supplié de m'aider à sortir de ce milieu dont j'étais dépendant et Il a opéré son miracle. Quand tu cries à Dieu et que tu t'attends à Lui de toutes tes forces, Il répond toujours. Toujours, surtout lorsque c'est dans ses intérêts.

- Et tes amis avec qui tu étais en compétition, qu'est-ce qu'ils ont pensé de ton changement ?

- Ils ont été déçus et sous le choc. Avec le temps on a fini par s'éloigner et je les ai tous perdus. Il faut dire qu'on n'avait plus les mêmes centres d'intérêt. Ils ne trouvaient plus intéressant de traîner avec moi et c'était réciproque.

- Tu ne regrettes pas ?

- Pas du tout. Ma vie est bien meilleure aujourd'hui. Et toi… tu as des amis ? C'est bizarre, mais j'ai l'impression que tu es très solitaire.

- J'avais des amis, mais ils m'ont tous tourné le dos. Avoua Jason d'un ton triste.

- Ah bon ? Pourquoi ?

Voyant qu'il avait été loin dans sa confidence, Jason ne sut quoi répondre sur le champ.

- Euh… je ne sais pas. Il faut croire qu'on n'avait plus grand-chose en commun. Répondit-il d'un ton nerveux.

Fausther l'observa un moment, perplexe, puis décida de ne pas chercher à en savoir plus.

- Dis, mes parents renouvellent leurs vœux de mariage ce week-end à la maison, on fera un repas pour l'occasion, ça te dirait de venir ?

- Oui, j'aimerais bien.

- Très bien, tu es donc mon invité. Dit Fausther en souriant.

L a décoration de la maison des parents de Fausther était incroyable. Ils avaient fait appel à une décoratrice d'intérieur pour l'occasion et cette dernière avait fait de l'excellent travail. Le dresscode était le blanc. Tout le monde était vêtu de blanc, mais aussi toute la décoration : les ballons, les chaises, les tissus, les fleurs au centre de tables. Absolument tout. Tout cela reflétait de la pureté.

Jason était impressionné.

- Tu aurais dû me dire que le dresscode était le blanc. Je me sens tellement mal à l'aise que je n'ai qu'une envie : faire demi-tour. Dit-il, gêné, à Fausther.

Il avait l'impression d'être un intrus avec son jean bleu et son polo rouge.

- J'ai complètement oublié c'est vrai, mais ne t'inquiète pas. Je peux t'avoir des vêtements blancs, je pense que nous faisons à peu près la même taille tous les deux.

- Heureusement.

Alors qu'ils traversaient le salon, Jason croisa les parents de Fausther et alla les féliciter.

- Félicitations pour votre renouvellement des vœux, Monsieur et Madame Jackson. Catherine, vous êtes à couper le souffle. Dit-il en la dévisageant avec admiration.

- Merci Jason, c'est gentil. Répondit cette dernière en rougissant.

- Tenez… je vous ai apporté un petit cadeau. Dit Jason en leur tendant un paquet.

Marc dévisagea le paquet puis le saisit et l'ouvrit. Il esquissa un large sourire lorsqu'il vit que c'était une bouteille de champagne.

- Du rosé ! Mon préféré ! Merci, tu as tapé en plein dans le mille mon garçon ! dit-il en l'enlaçant.

- Je suis ravi d'avoir suivi mon instinct !

- Je vais de ce pas le mettre au réfrigérateur, j'aime le boire bien frais. Dit Marc en s'en allant, suivi de sa femme qui adressa un dernier sourire à Jason.

- Tu viens ? Lui dit Fausther en le devançant.

Ils allèrent dans la chambre du jeune homme et ce dernier prêta des vêtements blancs à Jason qui se sentait maintenant en parfaite harmonie avec le thème de la cérémonie. Il remercia Fausther puis ils descendirent retrouver les autres convives.

C'était une fête réussie, mais surtout bien organisée. Ils firent appel à un pasteur qui leur fit répéter leurs vœux de mariage devant des invités émus.

- Trente ans de mariage, c'est énorme. Ils ont l'air si jeunes !... Ils ont dû vous avoir à l'adolescence ! murmura Jason à Fausther, alors que ses parents étaient encore en train de faire leurs discours.

- Oui, ma mère nous a mis au monde alors qu'elle n'avait que dix-huit ans.

- C'est génial. Ils ont l'air de s'aimer véritablement. Poursuivit-il en les admirant.

- Je le confirme. C'est vraiment une grâce de les avoir comme parents. Ils sont de vrais modèles pour nous. Dit Fausther fièrement.

- Ça se voit.

Marc et Catherine finirent de formuler leurs vœux respectifs puis se passèrent à nouveau leurs bagues aux doigts avant de s'embrasser tendrement. Ils agitèrent ensuite leurs mains devant leurs invités qui se mirent à applaudir, partageant leur euphorie.

L'organisatrice de la cérémonie demanda ensuite aux enfants de s'approcher pour faire la photo de famille.

- Je reviens. Dit Fausther à son ami avant d'aller

rejoindre ses parents sur la petite estrade qui avait été montée pour l'occasion.

Fraser se joignit à eux pour la séance photo, suivi quelque temps après par les autres membres de la famille et les amis et connaissances.

- Jason ?

Le jeune homme se retourna pour faire face à la voix qui l'interpella derrière lui puis fit une grimace en reconnaissant son interlocuteur.

- Qu'est-ce que tu fais ici ? demanda-t-il, gêné en regardant autour de lui.

- Tu ne sembles pas content de me voir… je me trompe ?

- Je ne savais pas qu'on allait se retrouver dans la même soirée.

- Et cela pose-t-il un problème ?

- Tu sais bien que oui, ne fais pas semblant de l'ignorer… Tu connais cette famille ?

- Non. J'ai accompagné ma grande cousine qui, elle, est une connaissance du couple. Et toi, que fais-tu ici ?

- J'ai été invité par Fausther, le fils de Marc et Catherine.

- Je vois.

- Tu es là depuis ?

- Assez longtemps pour constater que tu sembles très

proche de lui. Dit le jeune homme en désignant du menton Fausther. Je vous observe depuis un moment... Comment le connais-tu ?

- Nous sommes dans la même équipe de basket. Il vient d'intégrer l'équipe.

Jason ne cessait de regarder à gauche et à droite, mal à l'aise. Il semblait paniqué, comme s'il commettait un délit.

- Cela ne fait pas longtemps que vous vous connaissez et il t'invite déjà à une fête aussi personnelle ?

- On s'est vite lié d'amitié, en effet. C'est un garçon très sympa.

- Tu es sûr que vous n'êtes que de simples amis ? demanda son interlocuteur d'un ton sceptique.

- Tu vas arrêter avec toutes ces questions à la fin ? Dit Jason, agacé, par autant de curiosité.

Ce dernier le dévisagea un moment, puis finit par hocher la tête.

- OK, désolé si je te frustre. Maintenant que nous sommes là tous les deux, on pourrait passer le reste de la soirée ensemble. Tu pourrais me le présenter. Suggéra-t-il.

- Il ne vaut mieux pas.

- Pourquoi donc ? Tu as honte de moi ? demanda l'autre ahuri, les sourcils froncés.

- Écoute, je n'ai pas envie c'est tout. J'ai été content de

t'avoir vu, passe une bonne soirée. Dit Jason en s'en allant, laissant le jeune homme planté là.

Il se dirigea vers Fausther qui lui demanda de s'approcher rapidement d'un geste de la main afin qu'il prenne une photo avec eux. Jason, gêné, refusa, mais ce dernier insista et il céda.

- Dites tchizzzzzz !! Dit le photographe en souriant.

- Tchizzzz !! répétèrent tous ceux qui se tenaient en face de lui.

La soirée s'acheva en beauté et les convives ne savaient plus où donner de la tête entre toutes les surprises qui avaient été organisées pour la cérémonie. Alors qu'on passait maintenant à la remise des cadeaux, Jason dit à Fausther qu'il allait les quitter, car il se faisait tard.

- Tu veux que je te raccompagne ? demanda ce dernier en consultant sa montre.

- Non merci, ça ira.

- Bien. C'est gentil à toi d'être venu.

- C'est moi qui te remercie de m'avoir invité à une fête aussi personnelle. Toutes mes félicitations à l'organisatrice de la soirée, elle a fait du très beau travail.

- Effectivement.

- Allez, on se voit demain aux cours. Bonne soirée.

- Bonne soirée.

Deux jours plus tard, alors qu'ils venaient de finir leur

séance d'entraînement et qu'ils se changeaient dans les vestiaires, Pat, le capitaine de l'équipe s'approcha de Fausther.

- Tu as assuré Fausther, tu progresses de jour en jour. Félicitations ! le complimenta-t-il en lui tapotant gentiment l'épaule.

- Merci. C'est grâce à Jason, on s'entraîne quasiment chez moi tous les jours. Répondit-il en souriant tout en enfilant son tee-shirt.

Pat leva les yeux au ciel en soupirant, à l'écoute du prénom de son ami. Le sourire qu'il avait sur son visage disparut aussitôt.

- Justement, parlons-en de Jason. Vous avez l'air très proches tous les deux.

- Oui, c'est un garçon très sympa. Il est surtout très doué.

- Quelle est la relation que vous entretenez tous les deux ?

- Pardon ? demanda Fausther en fronçant les sourcils, ne comprenant pas à quoi il faisait allusion.

- Est-ce que vous êtes plus que des amis ? demanda Pat de façon franche en le regardant droit dans les yeux.

- Qu'est-ce que tu insinues par-là ? demanda Fausther, ahuri.

Pat le dévisagea longuement avant de pousser un soupir puis de reprendre la parole à nouveau.

- Écoute Fausther, je t'aime bien, c'est pourquoi je veux te mettre en garde… Il y a des rumeurs qui circulent à votre sujet sur le campus. Ajouta-t-il, en grinçant des dents.

- Des rumeurs ?! À quel propos ?

- Que vous êtes en couple.

- Que nous sommes en couple ?! C'est quoi ces idioties ? demanda Fausther en riant aux éclats.

Il pouvait s'attendre à tout sauf à ça. C'était complètement stupide de penser une telle chose juste parce qu'ils étaient très proches tous les deux.

- Encore que… ce n'est pas étonnant, connaissant la sexualité de Jason. Dit Pat, franchement.

Le sourire sur le visage de Fausther disparut d'un coup.

- Connaissant la sexualité de Jason ? Que veux-tu dire ? répéta-t-il hébété, redoutant la réponse de son capitaine.

- Tu n'es pas au courant ? demanda Pat, sceptique.

- Au courant de quoi ?

- Qu'il est homosexuel ?

- Quoi ? demanda-t-il, en hurlant presque, sous le choc de cette révélation.

Le cœur de Fausther se mit à battre la chamade. Il n'arrivait pas à croire ce que venait de lui dire Pat. Jason, homosexuel ? Comment était-ce possible ? Il ne s'était douté de rien.

- Tu as l'air sous le choc. Constata Pat en le dévisageant.

- Tu… tu en es sûr ? balbutia Fausther, sceptique.

Cette fois-ci c'est Pat qui se mit à rire aux éclats.

- Fausther, ce n'est un secret pour personne. Je suis d'ailleurs surpris que ce soit maintenant que tu le saches… Ton ami est une *pédale*. Ajouta-t-il avec un air de dégoût.

Fausther resta un moment silencieux, se passant une main nerveuse dans les cheveux.

- Je suis sans voix… Je… je ne le savais pas. Dit-il d'une voix triste. Comment… comment est-ce que vous l'avez su ?

- Il avait avoué ses sentiments à un gars de l'équipe pensant que ce dernier était homosexuel comme lui, mais il se gourait complètement.

- C'est pourquoi est-ce qu'il se tient toujours à l'écart du groupe ? demanda Fausther, curieux.

- Oui. Il faut dire que la révélation sur sa sexualité a éclaté au grand jour suite à sa déclaration d'amour. Il nous en veut et nous tient responsables d'avoir dévoilé *son petit secret* à tout le monde. Notre relation n'est plus la même depuis, et il faut aussi avouer que c'est un peu gênant d'avoir un homosexuel parmi nous.

- Pourquoi ?

- Je ne sais pas, c'est bizarre, nous sommes mal à l'aise en sa présence, lorsque nous nous douchons tous ensemble après le sport ou encore lorsque nous parlons de filles, de sexualité.

Fausther ne sachant quoi dire resta silencieux.

- Je te conseille de prendre tes distances avec lui. Dit Pat en posant délicatement sa main sur son épaule. Le milieu sportif est un milieu très homophobe, tu sais. Tu peux passer à côté de beaucoup d'opportunités si seulement l'on pense que tu es homosexuel. Et les rumeurs qui circulent déjà à votre sujet n'arrangent pas les choses.

Fausther hocha la tête, approuvant ce qu'il disait. Jason fit son entrée dans la salle à ce moment. Son sourire s'estompa lorsqu'il aperçut Pat. Ce dernier lui lança un regard sombre avant de se tourner à nouveau vers Fausther.

- Fais ce que je te dis. Lui murmura-t-il avant de tourner les talons.

Jason le regarda s'éloigner jusqu'à ce qu'il disparaisse complètement de sa vue.

- Qu'est-ce qu'il te disait ? demanda-t-il, curieux.

- Euh… rien. Balbutia Fausther.

- Alors, on va toujours faire du karting comme convenu ? Je te préviens, je suis un pro. Dit Jason en souriant.

- Désolé Jason, mais… ce ne sera plus possible. Dit Fausther, mal à l'aise.

- Ah bon ? Pourquoi ?

- Je viens de me rappeler que j'ai un autre programme. D'ailleurs, il faut que je m'en aille déjà, je suis en retard. Bonne journée.

Fausther s'en alla sans laisser le temps à son ami de dire quoi que ce soit. Ce dernier le regarda s'éloigner d'un air hébété. Il ne comprenait rien, il y a quelques heures encore, juste avant leur séance d'entraînement, Fausther se réjouissait à l'idée d'aller faire du karting avec lui et voilà que soudainement il se rappelait qu'il avait un autre programme. Il ne voulait pas se faire de fausses idées, mais il trouvait son comportement étrange, même la manière dont il était parti. Cela ne lui ressemblait pas.

Il l'avait trouvé en train de discuter avec Pat et se demandait intérieurement si ce dernier n'y était pas pour quelque chose dans son soudain changement de programme. Il resta là un bref instant à réfléchir, puis secoua la tête afin de chasser les pensées qui lui venaient à l'esprit. Il se changea puis quitta les vestiaires à son tour.

Fausther était sous le choc alors qu'il était dans sa voiture, en route pour chez lui. Il faisait un maximum d'efforts pour se concentrer sur l'autoroute tellement ses pensées étaient ailleurs. Jason était homosexuel, il n'en revenait pas. Il avait toujours détesté les homosexuels, car il trouvait leur pratique simplement abjecte et contre nature et le fait de savoir que son ami faisait partie de cette communauté le laissait perplexe. C'était un garçon tellement sympathique, pourquoi est-ce qu'il fallait qu'il soit homosexuel ? Cela compliquait les choses. Il ne savait pas si leur amitié allait demeurer après cette découverte. Il ne le pensait pas.

5

Fausther n'avait pas bien dormi ce soir-là, troublé par la sexualité de son ami. Il n'arrivait toujours pas à le croire et se demandait si Pat n'avait pas monté cette histoire de toute pièce juste pour qu'il s'éloigne de Jason. Il n'était pas aveugle et voyait bien que son amitié avec lui agaçait les autres membres de l'équipe, peut-être que c'était le moyen qu'il avait trouvé pour arriver à ses fins. En même temps, quel intérêt avait-il à mentir ? Tant de questions défilaient dans sa tête et il décida de les poser franchement à Jason le lendemain.

Comme prévu, après les cours, Fausther se rapprocha de son ami et lui dit qu'il voulait lui parler. Ce dernier redoutait ce qu'il avait à lui dire, ressentant un mauvais pressentiment.

Les deux amis s'éloignèrent pour aller discuter en toute tranquillité, là où personne ne serait susceptible de les entendre. Une fois suffisamment à l'écart, Fausther prit la parole.

- Pour commencer, je tiens à m'excuser de la façon dont je suis parti hier. La vérité c'est que je n'avais pas un autre programme... je t'ai menti.

- Pourquoi ?

- Parce que...

Fausther prit une grande aspiration avant de poursuivre.

- Jason, je veux te poser une question et je veux que tu sois franc avec moi... Est-ce que c'est vrai que tu es homosexuel ? demanda-t-il en le fixant dans les yeux.

Il espérait au fond de lui que son ami lui dise que ce n'était pas le cas. Ce dernier, troublé par sa question, le regarda un moment perplexe avant de se décider à répondre.

- Qui te l'a dit ?

- Cela n'a pas d'importance. Je veux juste que tu me répondes et que tu sois honnête avec moi, je t'en prie.

- Oui.

- Pardon ?!

- Oui, je suis homosexuel. Avoua-t-il. Cela change-t-il quelque chose ?

Fausther, déçu et sous le choc à la fois, se prit la tête dans les mains.

- Ce n'est pas vrai Jason, pourquoi est-ce que tu ne m'as rien dit ? demanda-t-il après avoir repris ses esprits.

- Tu voulais que je te le dise à quel moment ?! Demandant ce dernier, trouvant sa question complètement aberrante.

- Je ne sais pas, mais ce ne sont pas les occasions qui ont manqué en tout cas ! Je me sens… trahi.

- Mais qu'est-ce que tu racontes ? C'est du n'importe quoi ! Dit Jason en pouffant.

- Est-ce que tu te rends compte que je t'ai immiscé dans ma vie ? Je t'ai ouvert les portes de ma maison, présenté à ma famille… je t'ai même laissé dormir dans mon lit ! ajouta-t-il, écœuré.

- Mais où est le problème ?! Qu'est-ce que cela change ? demanda Jason, sidéré, qui trouvait sa réaction exagérée.

- Cela change beaucoup de choses ! Lorsque mon entourage apprendra pour ton homosexualité, ils se feront des films à notre sujet.

- C'est incroyable ! À t'entendre parler, on dirait que l'homosexualité est contagieuse. Donc le fait d'être mon ami fait de toi un homosexuel ? Je ne comprends pas.

Fausther, embarrassé, ne sut quoi répondre.

- Dans la mesure où tu ne te reproches de rien et que

tu es en paix avec toi-même, tu devrais faire fi de ce que les gens pourraient penser. Poursuivit Jason.

- C'est facile à dire, mais tu n'es pas à ma place... Est-ce que tu sais qu'il y a des rumeurs qui circulent sur le campus à notre sujet ? Les gens pensent que nous sommes en couple !

- Je ne m'attarde pas sur ce genre de bêtises.

- Toi peut-être, mais moi si. Cela ne me fait pas du tout plaisir que les gens pensent çà de moi.

Fausther prit une grande aspiration avant de poursuivre. Il n'était fier de ce qu'il allait dire à son ami, mais il n'avait pas le choix.

- Je suis navré de te dire ça Jason, mais il faut qu'on arrête de se voir. Dit-il à contrecœur.

- Pardon ? demanda ce dernier sous le choc.

- Tu as parfaitement compris ce que je t'ai dit. Cela ne fait pas plaisir de prendre une telle décision, mais je n'ai pas le choix.

- Tu te débarrasses de moi comme si j'avais la peste, comme si j'étais une personne... abominable. Ajouta-t-il tristement.

- Tu ne l'es peut-être pas toi, mais ta sexualité si. C'est *abominable*. Accentua Fausther. Non seulement c'est contre nature, mais en plus de cela c'est un péché.

- Je ne comprends pas, ne m'as-tu pas dit que tu étais chrétien ? Lui demanda Jason, confondu.

- Si. Où veux-tu en venir ? demanda Fausther sur le ton de la méfiance.

- En me parlant de ton Dieu la nuit dernière chez toi, tu me disais qu'il était un Dieu d'amour et qu'il attendait de vous que vous donniez de l'amour à tout le monde autour de vous, sans exception.

Cette réflexion frappa Fausther en plein cœur. Il se sentit honteux tout à coup.

- Essaies-tu de me faire culpabiliser ?

- Pas du tout. J'essaie juste de comprendre quel genre de chrétien tu es. C'est bien beau de clamer haut et fort, à tout le monde, que l'on est croyant, mais est-ce que tes actes et tes réflexions l'attestent réellement ? Je ne crois pas. Je ne sais pas grand-chose en ce qui concerne ta religion, mais en tout cas de ce que je vois, tu ne reflètes pas du tout la nature de ton Dieu et c'est bien dommage.

Ces paroles de Jason firent l'effet d'une bombe à Fausther. Il était tellement mal qu'il ne savait pas quoi répondre.

- Ne t'inquiète pas, j'ai bien compris ton message. Reprit Jason. Si notre amitié te rend mal à l'aise, autant mettre un frein.

Fauster hocha la tête.

- Je suis désolé. Dit-il navré avant de tourner les talons sans se retourner.

~

La finale de basketball avait eu lieu quelques jours plus tard et à sa grande surprise, Fraser avait accompagné ses parents pour soutenir Fausther. Le jeune homme était vraiment reconnaissant envers son frère, qui il savait, avait fait d'énormes efforts pour assister à ce match.

Carlos, leur entraîneur, était rentré après avoir achevé les funérailles de sa mère dans son pays d'origine. Il ne leur avait pas accordé le moindre répit à son retour, les faisant travailler nuit et jour sans relâche. Comme eux, son objectif était de remporter cette coupe et il se voyait presque tous les soirs la soulever avec fierté dans ses rêves. Il ne voulait plus se contenter de rêver, mais de vivre cette réalité.

L'équipe qu'ils affrontaient était la plus redoutable de la compétition et elle avait vraiment de l'expérience, il fallait se l'avouer. Bien qu'ils se donnaient à corps perdu sur le terrain et qu'ils usaient de toutes leurs prouesses, elle ne leur faisait pas de cadeau. Elle enchaînait les paniers sous leurs yeux, les déstabilisant complètement. Mais contrairement à l'état d'esprit qu'ils avaient jadis, ils ne se décourageaient plus pour autant et continuaient de donner tout ce qu'ils avaient au fond d'eux sur le terrain.

Le coup de sifflet annonçant la fin du match retentit

quelques heures plus tard sous la victoire de l'équipe adverse qui poussait des cris de joie et manifestait autant que possible son euphorie.

Pat, le capitaine de l'équipe, félicita ses coéquipiers d'avoir donné tout ce qu'ils avaient jusqu'à la fin et les encouragea en disant qu'ils pouvaient être fiers d'eux. Ces derniers hochèrent la tête, et bien qu'ils étaient déçus de ne pas avoir remporté la victoire, ils se réjouirent néanmoins pour leurs adversaires. Ils allèrent les féliciter en toute humilité en leur serrant la main et en leur donnant des petites tapes amicales sur l'épaule.

Le cérémonial commença quelques minutes plus tard. Le président de la fédération prononça son discours suivi du Président de l'Université où a eu lieu la compétition. Ensuite, l'entraîneur de l'équipe victorieuse et son capitaine prononcèrent également un discours.

Les trois premières équipes du tournoi furent chacune installée sur son podium, recevant leur médaille sous les acclamations du public.

Bien que l'équipe de Fausther n'eût pas remporté cette victoire tant convoitée, ils étaient néanmoins fiers d'eux en se retrouvant sur la deuxième marche du podium.

Les médias prirent des photos pour les journaux locaux et les journalistes interviewèrent les capitaines des équipes afin de recueillir leurs avis sur l'organisation novatrice de cette compétition et sur bien d'autres sujets.

Dans les vestiaires, Carlos, contre toute attente, vint féliciter ses joueurs et leur dit qu'il était fier d'eux et de ce qu'ils avaient pu accomplir jusque-là. Il leur avoua que s'il était aussi dur avec eux c'était simplement pour les pousser à se perfectionner davantage et de donner le meilleur d'eux parce qu'il les savait capables de faire mieux et il n'avait pas tort, car être sur la deuxième marche du podium était déjà une victoire. Ils le remercièrent tous, attendris par ses propos.

Pat proposa à toute l'équipe d'aller boire et manger pour fêter leur *victoire*. Carlos, dit qu'il était trop vieux pour cela et s'en alla en riant, tout en leur souhaitant de passer un bon moment ensemble.

Alors que toute l'équipe sortait des vestiaires, ivre de joie, Fausther constata que Jason, lui, restait et eut un pincement au cœur. Cela lui faisait terriblement mal de le savoir toujours à l'écart des autres, même dans des circonstances pareilles. Il l'observa un bref instant sur le seuil de la porte, le regard attristé, puis s'en alla retrouver les autres.

Quelques jours plus tard, un de leur enseignant leur donna un travail à faire en binôme et il décida d'associer Fausther et Jason ensemble.

Fausther, que cela ne plaisait guère, s'approcha à la fin du cours de son enseignant.

- Monsieur Williams ?

- Oui, Fausther ? Dit ce dernier qui était en train de ranger ses documents dans son sac.

- En fait, je… je voulais savoir s'il était possible de changer de binôme ? balbutia le jeune homme, gêné.

- Pourquoi, vous avez un souci avec votre binôme ? demanda son enseignant en fronçant les sourcils.

- Non, c'est juste que…

Il fut incapable d'achever sa phrase, ne sachant quoi dire pour justifier sa décision. Son enseignant, qui voyait bien qu'il était mal à l'aise, prit la parole.

- Je pensais que Jason et vous étiez de très bons amis, c'est la raison pour laquelle je vous ai mis ensemble. Je suis donc étonné de votre souhait de vouloir changer de binôme.

- C'est un peu compliqué à expliquer, à vrai dire. Dit Fausther, simplement.

- Je vois.

L'enseignant comprit que c'était un problème personnel et ne chercha pas à savoir davantage.

- Eh bien dans ce cas c'est vous qui voyez. Je ne peux pas vous obliger à travailler avec quelqu'un si tel n'est pas votre désir. Essayez de vous arranger avec un de vos collègues s'il accepte de bien vouloir remplacer Jason.

- Merci, Monsieur Williams.

- Je vous en prie. Dit-il en souriant avant de s'en aller.

Fausther s'approcha d'Éric, un de ses condisciples qui, il savait, ne verrait aucun inconvénient à accepter sa proposition. Ce dernier fut sous le choc et le dévisagea, les sourcils froncés.

- Tu es sûr que tu veux que je te remplace ? demanda-t-il, ahuri. Jason est un garçon très brillant, surtout à ce cours. Beaucoup souhaiteraient être à ta place, car il est évident, à coup sûr, qu'il aura une bonne note.

- Je sais, mais... je t'en prie, rends-moi juste ce service.

- Je ne me ferais pas prier en tout cas. Tu peux compter sur moi.

- Merci. Le remercia-t-il avec un large sourire avant de tourner les talons.

Il alla retrouver Jason qui était seul dans son coin et il lui annonça qu'il avait changé de binôme et que c'est avec Éric qu'il travaillera. Ce dernier se contenta de hocher la tête en prenant un air déçu.

Plus le temps passait et plus Fausther remarquait que Jason était très solitaire et semblait ne pas avoir d'amis. D'ailleurs, il se rappela qu'à part lui, il n'avait jamais vu le jeune garçon avec quelqu'un d'autre. Il commençait par avoir pitié de lui et s'en voulait de l'avoir exclu de façon aussi brutale de sa vie.

Hormis le fait qu'il soit homosexuel, Jason était quelqu'un de très généreux et de très serviable. Il n'avait pas hésité à lui apprendre quelques techniques de drible pour améliorer son jeu alors qu'il aurait pu les garder pour lui ; aussi il était toujours disponible et prêt à rendre service, et ses parents l'aimaient bien… et lui aussi. Pourquoi fallait-il qu'il soit homosexuel ?

Un dimanche après le culte, Fausther eut envie de discuter avec son pasteur. Il s'approcha de lui puis se rétracta soudainement une fois proche de lui, faisant demi-tour. Ce dernier qui l'avait vu s'approcher et le voyait maintenant s'éloigner l'interpella.

- Fausther !

Il se retourna, simulant un large sourire.

- Oui, pasteur ?

- Tu voulais me voir, mon garçon ?

Il hésita un moment puis poussa un long soupir avant de hocher la tête.

- Oui, mais… c'est un peu privé. Répondit-il, mal à l'aise, en se frottant les mains.

- Je vois. Allons dans mon bureau dans ce cas, nous discuterons plus au calme… à l'abri des regards indiscrets. Dit-il en souriant en observant une fidèle qui les observait au loin du coin de l'œil.

Une fois devant la porte de son bureau, il retourna la petite pancarte qui était accrochée dessus et où l'on pouvait lire l'inscription *Occupé*. Chaque fois que quelqu'un voyait cela, il savait automatiquement que le pasteur était soit en entretien soit en réunion et qu'il ne fallait pas le déranger.

Fausther était un peu intimidé, car c'était la première fois qu'il entrait dans le bureau de son pasteur. Il n'avait pas pour habitude de se confier à lui. Il avait des aînés dans la foi à qui il parlait à cœur ouvert, mais cette fois-ci il ressentait le besoin de se tourner vers son pasteur.

Ce dernier fit immédiatement du café lorsqu'il entra dans la pièce et demanda à Fausther s'il en voulait également. Ce dernier accepta volontiers. Une fois prêt, il se servit et tendit une tasse bien chaude à Fausther avant de prendre place confortablement derrière son bureau.

- Alors, qu'as-tu à me dire mon garçon ? Je t'écoute. Dit-il d'un sourire angélique, qui mit aussitôt le jeune homme en confiance.

- C'est un peu délicat. Le prévint Fausther d'un air hésitant.

- Rassure-toi j'ai l'habitude des confidences assez délicates ! Dit le pasteur, en riant, amusé. Tu n'as rien à craindre.

- En fait, je... j'ai une question à vous poser. Est-ce que Dieu aime aussi les homosexuels ?

Le pasteur prit un air de surprise, ne s'attendant pas à une question aussi saugrenue.

- Dieu aime *tout le monde* sans exception. Il est l'incarnation même de l'amour. Répondit-il en souriant.

- Mais... et pourtant la Bible condamne l'homosexualité. Dieu dit que les homosexuels n'hériteront pas de son royaume.

- Tout à fait, comme il dit que les adultères, les voleurs, les menteurs, les tricheurs et bien d'autres n'hériteront pas également de son royaume. Mais ce n'est pas pour autant qu'il ne les aime pas.

Fausther fronça les sourcils, ne comprenant pas.

- Ce qu'il faut savoir c'est que Dieu a horreur du péché... mais qu'il aime le pécheur, quels que soient sa nature, ses origines, ses défauts. N'oublie pas que c'est pour les pécheurs, y compris les homosexuels, qu'il a envoyé son fils unique en sacrifice à la croix afin qu'ils soient sauvés. C'est le cœur de l'homme qui intéresse premièrement Dieu et non les actes qu'il pose. Il veut d'abord que nous nous approchions de lui tels que nous sommes, avec nos péchés, nos fardeaux, nos jougs, ensuite que nous tissions une relation personnelle avec Lui. En effet, c'est en nous rapprochant de Dieu au quotidien que nous nous dépouillerons de tout ce qui ne le glorifie pas dans nos vies.

- Donc si je comprends bien... Dieu ne les condamne pas ? demanda Fausther, essayant de comprendre.

- Pourquoi le ferait-il ? demanda le pasteur en éclatant de rire, amusé par sa question. Dieu ne condamne personne mon garçon. Ça, c'est le rôle du diable, l'accusateur. Ce que Dieu condamne c'est le péché et non le pécheur. Il nous aime inconditionnellement, mais il veut juste que nous arrêtions de pratiquer certains actes qui ne l'honorent pas...une fois que nous décidons de marcher en nouveauté de vie. Ça, c'est très important de le souligner. Nous sommes tous libres de faire nos choix dans la vie, mais une fois que nous décidons de marcher sous la parole de Dieu alors à ce moment nous devons faire du ménage dans nos vies. Il est vrai qu'il y a certaines choses dont il est difficile de se débarrasser, mais nous ne sommes pas tous seuls dans ce combat. Dans notre marche, Dieu est là pour nous aider et nous soutenir, si seulement nous mettons notre confiance en Lui.

Fausther hocha la tête, commençant à comprendre.

- Puis-je te demander pourquoi tu me poses toutes ces questions ? demanda gentiment le pasteur.

- En fait, j'ai appris récemment qu'un de mes amis était homosexuel... et je l'ai banni de ma vie. Ajouta-t-il honteusement.

Le pasteur écarquilla les yeux en détournant le visage suite à cet aveu.

- Pourquoi as-tu fait cela ? demanda-t-il toujours d'un ton aussi doux, essayant de comprendre son acte.

Fausther ne se sentait pas du tout jugé et c'est cela qui lui donnait la force d'être vrai dans ses révélations.

- Je ne sais pas. Je crois… que j'ai surtout eu peur des jugements des autres. Étant donné que nous étions très proches tous les deux, des rumeurs ont commencé à circuler à notre sujet dans le campus disant que nous étions en couple et je ne voulais surtout pas être associé à *ça*. Et ce n'est pas la seule raison. J'ai toujours détesté les homosexuels. Je trouve leur pratique tellement répugnante qu'ils me dégoûtent tous… je ne les supporte pas. Ajouta-t-il honteusement.

- Je vois. Dit le pasteur en hochant la tête sans le juger. Mais il faut que tu saches une chose Fausther, en tant que chrétien nous avons la lourde responsabilité d'apporter un message au monde : un message d'amour, car c'est cela même l'histoire de l'évangile, une histoire d'amour. Notre vie, notre témoignage, nos actes, nos paroles et tout ce que nous présentons au quotidien au monde doivent refléter l'image et la nature de Celui qui vit en nous : Jésus-Christ. À mon tour de te poser une question : ton ami sait-il que tu es chrétien ?

- Oui. Répondit Fausther en baissant la tête.

- Très bien. À ton avis, qu'a-t-il pensé du fait que tu le

bannisses de ta vie parce que tu as appris son homo-sexualité ?

- Il m'a dit que je ne reflétais pas l'image de Dieu. Avoua-t-il tristement.

- Ah. Et qu'est-ce que cela t'a fait lorsqu'il te l'a dit ?

- J'ai eu honte.

- Pourquoi ?

- Parce que j'ai eu l'impression de ne pas représenter valablement Dieu. J'ai eu l'impression... de ternir son image.

- C'est bien que tu le reconnaisses.

Le pasteur marqua une courte pause avant de poursuivre.

- Tu sais mon garçon, ces personnes sont persécutées au quotidien dans le monde, certains sont rejetés par leur famille, leur entourage, ils sont constamment pointés du doigt à cause de leur pratique et leur orientation sexuelle, ils finissent par avoir l'impression qu'ils sont des monstres et qu'ils ne méritent pas d'être aimés et d'être sur terre, mais c'est faux. À nous de leur témoigner de l'amour et leur prouver qu'ils ont autant leur place sur cette terre que tout le monde... comme nous. À nous de leur montrer que nous les aimons, mais qu'il y a une personne qui les aime encore bien plus et qui veut les accueillir dans son royaume : Jésus-Christ. À nous de leur montrer que là où ils se sentent abandonnés, nous sommes là pour les accueillir. Comment crois-tu qu'ils croiront en Jésus-Christ et au message de l'évangile si nous les rejetons comme tout le monde ?...Ne penses-tu pas que Dieu veut sauver ton ami comme il t'a sauvé toi ?

- Si.

- Ne penses-tu pas qu'il a également des projets de paix et de bonheur pour lui ?

- Si.

- Alors il faut que tu répares cette relation.

- En quoi faisant ? demanda Fausther en levant le regard vers lui.

- Premièrement en t'excusant de l'avoir banni de ta vie, ensuite en t'excusant de ne pas lui avoir témoigné de l'amour, mais surtout d'avoir entaché l'image de Jésus-Christ… Est-ce que tu es prêt à le faire ?

Fausther réfléchit un court instant avant de prendre une grande inspiration et de répondre à son interlocuteur avec le sourire.

- Oui.

- Bien. C'est très bien. J'ai la forte conviction que ce n'est peut-être pas un hasard si Dieu a mis ce jeune homme sur ton chemin. Je suis convaincu qu'il veut t'enseigner quelque chose au travers de cette relation.

- Quoi donc ? demanda Fausther, apeuré.

- Tu le sauras au moment opportun. Dit le pasteur en souriant.

Le jeune homme hocha la tête puis le remercia d'avoir pris le temps de l'écouter, mais surtout d'avoir apporté des réponses à ses questions. Il lui dit ensuite qu'il ne voulait pas lui prendre davantage de temps et qu'il allait s'en aller. Le pasteur lui dit qu'il était là pour lui au cas où il voudrait encore discuter ou s'il avait encore d'autres interrogations. Fausther le remercia encore puis quitta la pièce, le cœur joyeux et en prenant la résolution de réparer son amitié avec Jason.

6

L e lendemain, alors que Jason était isolé dans un coin du campus, manipulant son téléphone, Fausther s'approcha de lui d'un pas hésitant et lui demanda timidement s'il pouvait prendre place à ses côtés. Ce dernier, surpris qu'il daigne s'adresser à lui alors que cela faisait déjà plusieurs jours qu'il l'ignorait délibérément, regarda autour de lui afin de se rassurer qu'il ne se trompait pas d'interlocuteur. Lorsqu'il réalisa que c'était bien à lui qu'il s'adressait, son visage prit une expression sévère.

- Qu'est-ce que tu veux ? demanda-t-il d'un ton froid.

Fausther eut un pincement au cœur du fait qu'il se montre aussi austère envers lui, mais en même temps il comprenait parfaitement son attitude. Ce serait égoïste de sa part de lui en vouloir alors qu'il ne s'était pas montré tendre avec lui. Il prit une profonde inspiration avant de lui répondre.

- J'aimerais que l'on discute tous les deux... si tu veux bien.

- Je pensais que tu ne voulais pas que l'on nous voie ensemble de peur de ternir ton image ! Dit Jason d'un ton sarcastique.

- C'est vrai... mais ça c'était avant.

- Avant quoi ? demanda Jason qui se montrait toujours froid à son égard.

- Avant que je ne change d'avis. Répondit-il d'un ton sincère. Avant que je ne réalise que j'ai agi complètement de façon stupide et que tu ne méritais pas que je t'écarte de ma vie de façon aussi brutale ; avant que je ne réalise que je n'ai pas réagi comme Jésus aimerait que je le fasse, mais surtout que je ne t'ai pas témoigné de l'amour, au contraire, je t'ai témoigné de la haine et de la répulsion... Je suis sincèrement désolé Jason, désolé pour tout.

L'expression du visage de Jason se radoucit devant la sincérité de Fausther qui semblait vraiment s'en vouloir et regretter ses actes. Il lui fit presque de la peine. Il poussa un long soupir afin d'évacuer toute la colère qu'il avait en lui avant de l'inviter à prendre place. Ce dernier qui s'exécuta aussitôt le remercia.

- Ton attitude m'a vraiment affecté, tu sais. Dit Jason. Je pensais qu'on était amis et le fait que tu me repousses de façon aussi froide et indifférente m'a totalement laissé perplexe.

- Je sais. Répondit Fausther, honteux.

- J'ai pensé au fond de moi que vous autres qui vous dites chrétiens, êtes comme tout le monde finalement, et c'est moi qui étais dégoûté en fin de compte.

- Je comprends.

Fausther hocha la tête avant de la baisser, toujours honteux. Il avait entièrement raison et c'était çà qui était le plus difficile à l'admettre.

- Je sais que je n'ai pas assuré sur ce coup et que je n'ai pas été un modèle, mais il ne faut pas que tu généralises mon attitude envers les autres croyants. Je crois surtout que c'est moi qui avais besoin d'être enseigné sur cet aspect-là… Alors, veux-tu être à nouveau mon ami? demanda-t-il en lui tendant la main.

Jason dévisagea un moment la main qui était tendue devant lui, l'air hésitant.

- Dois-je craindre que tu m'écartes encore de ta vie comme tu l'as fait? On ne sait jamais, les gens pourraient te décourager!

- Tu n'as rien à craindre. Dit Fausther en souriant.

- N'auras-tu pas honte de t'afficher avec moi? Si tu entends encore des rumeurs à notre sujet, comment réagi-ras-tu?

- Je sais bien que tu te fais du souci à ce sujet Jason,

mais je te le répète encore une fois : *tu n'as rien à craindre.* Accentua-t-il en le regardant dans les yeux afin de le rassurer, car il semblait vraiment perplexe.

- Tu sais Fausther, je ne suis pas un objet dont on se débarrasse lorsque l'on ne trouve plus d'intérêt à le garder sur soi. Je suis un être humain ayant des sentiments. Je n'aimerais pas t'accorder cette seconde chance d'être à nouveau ton ami pour me voir encore rejeté comme une ordure lorsque les gens réussiront à te convaincre de ne plus me fréquenter. Nous sommes dans une petite ville très conservatrice, et les homosexuels sont bannis de la société. Beaucoup de personnes ont vu des membres de leur famille ou encore leur entourage leur tourner le dos parce qu'ils côtoyaient des homosexuels. Penses-tu que tu es prêt à vivre tout ça ? À courir ce risque pour moi ? Réfléchis avant de répondre, je t'en prie.

Fausther se frotta le menton, faisant mine de réfléchir un moment avant d'esquisser un large sourire.

- Oui. Je décide de prendre ce risque… Alors, tu vas te décider à me serrer la main ou pas ? Je commence à avoir des crampes et c'est franchement désagréable ! dit-il en riant.

Jason sourit puis referma la paume de sa main dans la sienne. Fautsher poussa un soupir de soulagement.

- C'est gentil à toi d'avoir accepté d'être à nouveau

mon ami, mais il faut tout de même que j'établisse certaines limites ne pas franchir si cela ne te dérange pas !

Jason le dévisagea en fronçant les sourcils.

- Je t'écoute. Dit-il simplement.

- Bien. Je ne veux plus qu'on se fasse la bise, qu'on dorme dans le même lit encore moins qu'on se douche ensemble. Tout ce qui concernera tes petites histoires d'amour, tes petits copains et autres tu peux les garder pour toi, je ne veux rien savoir ! Nada ! Hum, quoi encore ? Se demanda-t-il en se frottant le menton. Voilà ! Je ne veux jamais te surprendre en train de me reluquer ! Si je te surprends en train de le faire je t'assure que je te collerai mon poing sur la figure, chrétien ou pas ! ajouta-t-il sur le ton de la plaisanterie.

Jason le regarda les yeux écarquillés avant d'éclater de rire.

- J'ai compris, ne t'inquiète pas… De toutes les façons, tu n'es pas mon genre !

- Quoi ? Vous aussi vous avez des *genres* ? demanda Fausther, surpris.

- Bah oui, qu'est-ce que tu crois ! répondit Jason toujours en riant.

Fausther pouffa en levant les yeux au ciel.

L e temps passa et l'amitié entre les deux jeunes hommes se solidifia. Fausther était bien conscient de tous ces regards chargés de haine et de dégoût qui le dévisageaient au quotidien à cause de sa relation avec Jason, mais il décida d'en faire fi et de les ignorer éperdument.

Il avait constaté que d'aucuns avaient pris leurs distances avec lui, et que d'autres lui avaient quasiment tourné le dos et c'était bien dommage. Il avait envie de crier haut et fort à tous ces gens combien son ami était quelqu'un d'extraordinaire et qu'ils avaient tort de le condamner à cause de son orientation sexuelle.

Le plus drôle dans toute cette histoire, c'est qu'il y a quelque temps de cela, il se serait identifié à ces individus et aurait probablement eu la même réaction qu'eux, mais bien des choses avaient changé entre temps. En effet, il avait compris qu'en tant que chrétien, il avait le *devoir* d'aimer tout le monde sans exception : les juifs, les arabes, les musulmans, les athées, les témoins de Jéhovah, les bouddhistes, les homosexuels, etc. Il devait aimer tout le monde sans exception.

Il réalisait avec désolation que même avec le *statut* de chrétien, beaucoup étaient dans la condamnation et le jugement envers les autres religions et les autres cultures.

Sans doute à cause de tous les clichés et de tous les *aprioris* enseignés et cultivés depuis l'enfance et qui n'avaient jamais été *guéris* avec le temps. *Mais qui sommes-nous pour juger les autres ?* se demanda-t-il intérieurement. Il comprenait que la meilleure attitude était de prier pour les autres afin qu'ils connaissent personnellement Dieu comme Seigneur et sauveur au lieu de les condamner.

En côtoyant davantage Jason, il réalisait que c'était un garçon non seulement incroyable, mais qui avait également bon cœur. De la même manière qu'il avait été transformé et renouvelé dans son intelligence en donnant sa vie à Dieu, il voulait également que cela soit le cas pour son ami afin qu'ils vivent et partagent ensemble cette belle expérience. C'était l'objectif qu'il s'était fixé.

Un jour, alors qu'ils cheminaient ensemble, Jason demanda à Fausther de lui raconter son témoignage, qu'il était curieux d'entendre.

- Qu'est-ce qui t'a poussé à te tourner vers la religion ? demanda-t-il.

- Un ami. Répondit Fausther en souriant. On était dans la même classe en première année de fac. Il était tellement différent par son attitude que cela m'intriguait complètement. Il ne draguait jamais en notre compagnie, ne voulait jamais aller en discothèque, refusait de fumer des joints avec nous, encore moins de boire de l'alcool. C'était l'incarnation même de la sainteté sur terre.

Ajouta-t-il d'un ton nostalgique. Il était à la fois irritant et déroutant. C'est après que j'ai su qu'il était chrétien.

- C'est donc lui qui t'a amené à l'église ?

- Oui. Il m'invitait tout le temps, mais je trouvais toujours des excuses jusqu'à ce qu'un jour je finisse par céder. Après un long moment de luttes personnelles, j'ai fini par donner ma vie à Dieu et depuis ma vie n'est plus la même.

- Qu'est-ce qui a changé depuis lors ?

- Beaucoup de choses ! La liste est tellement longue qu'il faudrait qu'on y passe des heures pour que je te les cite toutes ! Dit Fausther en riant. Tu sais, la vie avec Dieu est quelque chose que l'on ne peut d'écrire, mais que l'on doit expérimenter. Reprit-il d'un ton plus sérieux cette fois-ci. Il y a certaines choses que tu ne pourras jamais comprendre si tu ne partages pas la même foi que moi, c'est pourquoi je t'invite à faire un pas vers Lui, à l'inviter à se manifester dans ta vie et tu verras par toi-même. Déjà, tout ce que je peux te dire c'est que Dieu est Celui qui détient la clé du bonheur entre ses mains, le bonheur auquel nous aspirons tous. Mais pas un bonheur éphémère comme celui que peut nous apporter les biens de ce monde, un bonheur éternel.

Jason se contenta de le regarder en souriant.

- Tes parents sont également chrétiens ? demanda-t-il.

- Non. Ils appartiennent à une autre religion à laquelle

ils sont fortement ancrés. Ma prière est qu'ils rencontrent Jésus un jour.

- Je suis certain que cela arrivera un jour par ton intermédiaire... tu es un bon chrétien. Dit Jason en le regardant en souriant.

Fausther tourna le regard vers lui, ému.

- Merci. Je suis content de te l'entendre dire. Vu la façon dont je me suis conduit avec toi, j'avais peur d'avoir perdu toute crédibilité. Avoua-t-il, soulagé.

- Hum je vais dire ceci : de la même manière que tu as réalisé que l'on peut-être une personne homosexuelle et aimante, moi également j'ai réalisé que l'on peut être une personne chrétienne et complètement stupide.

Fausther éclata de rire à la suite des propos de son ami.

- OK. J'ai compris. Dit-il aucunement vexé.

- Je plaisante. Reprit Jason, d'un ton plus sérieux cette fois-ci. Tout ce que je retiens c'est que personne n'est parfait et que nous avons tous besoin d'être renouvelés dans notre intelligence pour voir le monde autrement.

- Tu as raison... je te rejoins tout à fait sur ce point de vue. Dit Fausther en souriant.

Les deux amis cheminèrent encore un moment ensemble avant de prendre chacun la direction de son domicile.

Quelques jours plus tard, alors que Fausther franchissait le seuil de la porte de sa maison, fatigué par une lourde journée de cours, il trouva ses parents assis au salon, l'air abattu. Il sut immédiatement qu'il y avait un problème et s'approcha d'eux, le cœur battant la chamade. D'un pas accéléré, il se retrouva en face d'eux en quelques secondes puis leur demanda ce qui n'allait pas. Sa mère ouvrit la bouche pour lui répondre, mais fut incapable de prononcer la moindre parole. Elle se mit à pleurer à chaudes larmes, cachant son visage de ses mains.

- Papa, qu'est-ce qu'il y a ? demanda-t-il en se tournant vers son père bien que ce dernier, également chamboulé, paraissait plus fort.

- C'est ton frère. Dit-il simplement en serrant les dents et en détournant le visage pour masquer ses émotions.

- Fraser ?...Quelque chose lui est-il arrivé ? demanda Fausther au bord de la panique.

- Ton frère est homosexuel, Fausther. Parvint à dire sa mère dans un sanglot.

- Quoi ? demanda Fausther en hurlant presque.

Homosexuel ? Qu'est-ce que cela signifiait ? Il n'en croyait pas ses oreilles et pensait au fond de lui que c'était une plaisanterie de mauvais goût. Mais dans quel intérêt auraient-ils à le faire ? Et cela ne ressemblait pas du tout à ses parents.

- Papa, dis-moi que ce n'est pas vrai. Dit Fausther en le suppliant presque.

- C'est la vérité. Répondit son père en le regardant dans les yeux. Je l'ai surpris dans sa chambre avec son ami… en train de s'amouracher. Ajouta-t-il avec dégoût, en secouant la tête pour chasser cette vision d'horreur qu'il revoyait.

Fausther, sous le choc, resta la bouche entrouverte et les yeux écarquillés.

- Et dire qu'ils nous ont trompés durant tout ce temps. Reprit son père. Il nous avait présenté ce jeune homme comme étant son ami, et nous l'avons accueilli à bras ouvert dans la famille. Nous ne trouvions aucune objection à ce qu'il dorme ici et nous l'invitions même à toutes nos manifestations… comment ont-ils pu se jouer de nous de la sorte ?

Ils restèrent tous silencieux un moment, encore sous le choc de cette découverte.

- Qu'est-ce que vous comptez faire maintenant ? demanda Fausther en brisant le silence.

- Je lui ai demandé de quitter la maison sur le champ et que je ne voulais plus jamais le revoir. Répondit son père, en colère.

- Mais où est-ce qu'il ira ? demanda-t-il, inquiet.

- Ça, ce n'est pas mon problème.

Marc se leva d'un bond de son fauteuil puis quitta la

pièce sans dire un mot de plus. Catherine, quant à elle, leva les yeux au plafond en reniflant. Elle resta dans cette position un bon moment avant de porter son regard vers son fils.

- Est-ce que… tu étais au courant ? Lui demanda-t-elle la voix tremblante.

- Non maman, je l'ignorais complètement. Je suis autant surpris que vous… et sous le choc. Je n'arrive pas à le croire. Murmura-t-il en baissant la tête et en poussant un long soupir.

- J'espère… que toi aussi tu ne l'es pas ? demanda-t-elle, abattue.

- Mais qu'est-ce que tu racontes ? Où vas-tu chercher une idée pareille ? Tu sais bien que non ! dit-il vexé, qu'elle le soupçonne d'être homosexuel.

- Je ne sais plus rien Fausther !...Pourquoi est-ce que cela nous arrive-t-il à nous ? Qu'avons-nous fait pour mériter un tel châtiment ?...Qu'est-ce que j'ai raté dans son éducation ? Se questionna-t-elle la voix brisée en culpabilisant.

- Tu n'y es pour rien, maman. C'est comme çà c'est tout.

- Qu'est-ce que la famille va penser ? Oh Seigneur ! Et notre entourage ?...Nous serons la risée des gens. Ajouta-t-elle tristement en imaginant déjà la réaction de leurs proches.

Fausther resta sans voix, ne sachant quoi lui dire pour la réconforter. Elle lui prit les mains et le regarda, les yeux baignés de larmes.

- Prie et demande à ton Dieu d'opérer un miracle sur la vie de ton frère, je t'en prie. Prie afin… que ce démon le quitte. Ajouta-t-elle en le suppliant presque.

Fausther la prit dans ses bras et la serra tendrement. Elle semblait tellement abattue qu'elle lui faisait de la peine. Il savait que ce n'était pas facile pour une mère d'apprendre l'homosexualité de son fils. Elle pouvait mettre un trait sur tous les rêves de famille qu'elle avait conçus pour lui et se dire qu'elle n'aura jamais de belle-fille. Il la consola avant de la laisser et monter dans sa chambre.

Il avait essayé de garder la face devant sa mère, mais une fois seul dans sa chambre il se laissa choir sur le lit et se mit à pleurer à chaudes larmes. Il déversa sans retenue tout le chagrin et la tristesse qu'il retenait au fond de lui jusque-là. Pourquoi son frère ? Pourquoi sa moitié ? Il était pris dans un tourbillon d'émotions et avait l'impression que le ciel lui tombait sur la tête. Cette nouvelle était un véritable coup de massue pour lui. D'abord Jason et main-tenant Fraser. Qu'est-ce que cela signifiait ? Il ressentait une peine inexplicable puis pleura à nouveau.

7

L e lendemain, après les cours, Jason alla retrouver Fausther qui était assis sur un banc public, sur la pelouse de la Fac. Il avait constaté que ce dernier n'avait pas l'air dans son assiette depuis le matin et s'inquiétait pour lui.

- Est-ce que je peux m'asseoir ? demanda-t-il avec hésitation en désignant la place vide à côté de lui.

- Vas-y, je t'en prie.

Il dévisagea son ami longuement avant de prendre la parole.

- Qu'est-ce qu'il y a ? Je vois bien que quelque chose te chagrine.

Fausther poussa un long soupir avant de tourner le regard vers lui, l'air abattu.

- Fraser est homosexuel. Avoua-t-il tristement, mais d'un ton franc. Nous l'avons tous su hier... ne te vexe pas si je parais aussi dépité à cause de ça, c'est juste que...

Il fit incapable d'achever sa phrase.

- Ne t'inquiète pas. Je comprends... je le savais de toutes les façons.

- Pardon ?! demanda vivement Fausther en fronçant les sourcils.

- Tu te souviens, le premier jour de notre rencontre, tu nous avais demandé si on se connaissait au préalable et il t'avait répondu non, en fait c'était faux. On se connaît... et très bien même.

- Comment ça ? demanda Fausther qui ne comprenait rien du tout.

- Nous nous sommes rencontrés, Fraser et moi, à une soirée privée... gay. Ensuite, nous nous sommes croisés dans plusieurs autres soirées jusqu'à ce qu'il entretienne une relation avec un de mes amis et que nous devenions amis par la suite. Expliqua-t-il avec des pincettes.

- Je ne comprends pas, vous êtes amis ?! demanda Fausther, sidéré.

- Oui. Mais lorsqu'il m'a vu chez toi, il a complète-ment paniqué et a préféré jouer la carte de l'indifférence. J'ai respecté son choix et je suis rentré dans son jeu.

- Mais pourquoi t'ignorer ?!

- Parce que je pense qu'il n'était pas prêt à assumer le

fait que l'on sache qu'il côtoie des homosexuels… et qu'il le soit également. Personne dans son entourage n'est au courant pour sa sexualité et il était terriblement angoissé à l'idée que cela se sache. Ce n'est pas facile pour lui de vivre au quotidien avec des personnes homophobes qui affichent clairement leur haine et leur dégoût envers cette communauté. Il avait peur que vous soyez déçus de lui… et que vous le rejetiez.

- C'est lui qui t'a expliqué tout ça ? demanda Fausther tristement.

- Oui. Je l'avais appelé en soirée après notre rencontre chez toi pour lui demander pourquoi il m'avait ignoré de la sorte et c'est là qu'il m'a tout expliqué.

- Je vois. Son *copain* Matthieu, c'est ton ami en question ? demanda Fausther avec hésitation.

Il avait du mal à prononcer le mot *copain* en parlant du petit ami de son frère.

- Oui.

- Nous étions tous ensemble à la cérémonie de renouvellement des vœux de mes parents et vous faisiez vraiment comme si vous ne vous connaissiez pas. C'est à peine si vous vous adressiez la parole. Dit Fausther qui n'en revenait toujours pas en secouant la tête.

- On l'a fait pour Fraser.

- Tu étais donc déjà au courant qu'on l'a su ?

- Non. Il ne m'a rien dit.

Fausther, la tête baissée, resta silencieux un moment avant de poursuivre.

- Mon père l'a chassé de la maison. Dit-il tristement. J'essaie de le joindre depuis ce matin, mais il est injoignable. J'ai fait un tour dans sa classe et on m'a appris qu'il n'était pas venu au cours ce matin. Je m'inquiète pour lui.

- Il a besoin d'être seul. Tout ce qu'il craignait est arrivé. Il doit être anéanti.

- Mais pourquoi ignore-t-il mes appels ? Je ne lui en veux pas. Je l'aime ! C'est mon frère.

- Tu n'as jamais témoigné de l'amour envers les personnes homosexuelles en sa présence, au contraire. Que ce soit dans ton langage ou dans tes agissements, tu as toujours manifesté de la haine et du dégoût envers elles. Tu es son frère jumeau, sa moitié, il a peur que tu le voies autrement maintenant que tu as découvert son secret.

Fausther resta sans voix un moment, l'air pensif.

- Je commence à comprendre beaucoup de choses à présent. Nous étions très proches quand nous étions plus jeunes, mais arrivés à l'adolescence, les choses ont changé. Il a changé. Rectifia-t-il. Il a commencé par se refermer sur lui ensuite à ne plus se confier à moi. Lorsque j'abordais le sujet des filles avec lui, il ne semblait jamais intéressé et tournait toujours la page rapidement... il a dû se sentir bien seul tout ce temps. Ajouta-t-il tristement dans un murmure.

Jason le dévisagea sans rien dire. Il lui faisait vraiment de la peine.

- Je vais essayer de le joindre à mon tour quand je rentrerai. Je sais qu'il t'évite parce qu'il pense qu'il t'a déçu, mais s'il sait que tu ne lui en veux pas et que tu l'aimes toujours malgré tout je suis certain qu'il reviendra vers toi.

- Merci.

- Je t'en prie… je vais te laisser un moment. Tu as également besoin d'être seul pour digérer tout ça. Ça doit faire beaucoup d'un coup pour toi : d'abord moi, ensuite ton frère, le fait qu'il t'évite et que tu n'aies aucune nouvelle de lui. Ce n'est pas facile.

Fausther hocha la tête. Jason lui tapota légèrement l'épaule de façon amicale avant de se lever et de s'en aller.

Une fois seul, il se mit à penser à son frère à nouveau. Il voulait tellement le voir et le serrer dans ses bras, lui dire qu'il l'aime, qu'il n'avait pas à s'inquiéter et qu'il sera toujours là pour lui. Il comprenait maintenant la puissance de l'amour. C'était un sentiment très fort qui pouvait avoir un impact considérable sur la personnalité d'un individu. Le fait de témoigner de l'amour et non de la haine envers son prochain pouvait sauver une vie et il en prenait maintenant conscience. Il avait peur que son frère commette une bêtise, maintenant que son père l'avait chassé du domicile familial. Ils étaient une famille très soudée et le fait qu'il soit exclu par ceux qu'il aime pouvait être insupportable pour lui qui était très sensible. S'il venait à commettre le pire, il s'en voudrait à vie qu'il emporte avec lui dans sa tombe une image de haine et non d'amour.

Fausther resta encore là un moment avant d'adresser une prière à Dieu en le suppliant de faire en sorte qu'il rencontre son frère afin qu'il puisse lui dire qu'il l'aime.

L e dimanche après le culte, Fausther s'approcha de son pasteur et lui demanda timidement s'il avait du temps à lui accorder, car il souhaiterait discuter avec lui. Ce dernier hocha la tête avec un large sourire puis l'entraîna dans le jardin où ils prirent place simultanément sur un banc public.

- Il fait un temps magnifique aujourd'hui. Dit le pasteur, le sourire aux lèvres en contemplant le paysage qui s'offrait à eux.

- En effet. Acquiesça Fausther.

- J'aime de temps en temps venir m'isoler ici pour admirer la nature et savourer cet air frais et pur. Pour certains ce n'est peut-être rien, mais pour moi c'est un pur bonheur. Renchérit-il.

Il guetta la réaction de Fausther du coin de l'œil et vit ce que ce dernier semblait ailleurs, le regard perdu dans le vide.

- Qu'y a-t-il mon enfant ? lui demanda-t-il en posant affectueusement sa main sur son épaule.

- Je ne sais pas Pasteur. J'ai l'impression... j'ai l'impression de vivre une épreuve.

- Laquelle ?

Il soupira avant de le fixer dans les yeux et lui répondre.

- Je viens de découvrir que mon frère jumeau est homosexuel alors que cela fait à peine quelques semaines que je venais de l'apprendre pour mon ami... Qu'est-ce qui se passe ? Pourquoi Dieu met-il autant d'homos sur mon chemin ? Ne trouvez-vous pas cela étrange ?

Le pasteur resta sans voix un moment avant de prendre la parole.

- Qu'est-ce que cela te fait d'apprendre que ton frère soit homosexuel ?

Fausther se mit à réfléchir un moment.

- Rien. Dit-il finalement. Avant j'aurais été dégoûté et j'aurais sans doute approuvé la réaction de mon père qui l'a chassé de la maison. Je suppose... que je ne voudrais plus entendre de parler de lui, mais aujourd'hui… cela ne me fait plus rien de l'apprendre.

- Et… à quel moment ton regard sur les homosexuels a-t-il changé ?

Fausther se frotta le menton en réfléchissant.

- Hum… je dirais lorsque j'ai fait la connaissance de Jason, mon ami qui est également homosexuel. C'est effectivement sa rencontre qui a permis que je sois enseigné par la suite. J'ai réalisé et compris beaucoup de choses au sortir de notre discussion la fois dernière.

- Lesquelles ?

- J'ai compris qu'en tant qu'enfant de Dieu je dois aimer tout le monde sans exception. Peu importe la religion, la culture, l'orientation sexuelle de mon prochain. Je dois donner de l'amour autour de moi, car c'est ça que Dieu attend de moi.

- C'est bien que tu aies compris cela. En effet, c'est en donnant de l'amour autour de toi que l'on reconnaîtra que tu es véritablement un enfant de Dieu. Tu sais, Dieu n'est pas impressionné par toutes ces choses que nous pouvons faire en son nom : chasser les démons, évangéliser dans la rue, faire des dons dans des hôpitaux ou encore dans des orphelinats, être fidèle dans la dîme ou les offrandes, être assidu au culte, aux réunions et aux activités de l'église. Si nous faisons toutes ces choses et que nous sommes incapables d'aimer notre prochain, alors nous les faisons en vain et elles n'ont pas de valeur aux yeux du Père. Dieu dit dans Sa parole qu'il y a deux choses dans la vie qui sont plus importantes que tout le reste : L'aimer Lui, ensuite son prochain. La Bible est très claire à ce sujet : nous sommes sur terre pour accomplir ces deux commandements. Tu vois, il y a beaucoup d'amalgames dans l'église au sujet de l'homosexualité. Beaucoup de chrétiens pensent, en effet, qu'aimer les homosexuels c'est tolérer leur pratique sexuelle alors que ce n'est pas le cas. Nous devons être en mesure de comprendre que tout comme Dieu, nous devons aimer le pécheur et non le péché. Nous devons les regarder premièrement comme Dieu les regarde à savoir comme étant ses créatures. Ensuite, de la même manière que nous avons été sauvés, cela doit également être notre préoccu-pation à leur égard : qu'ils soient sauvés, comme nous le désirons pour tous ceux que nous aimons et qui nous sont chers. Le reste c'est Dieu qui s'en charge. Le problème, malheureusement, est que quand certaines personnes les regardent c'est d'abord leur pratique sexuelle qu'elles mettent en avant. Certains vont même jusqu'à refuser de leur prêcher l'évangile, c'est terrible. Comment peux-tu prétendre être un enfant de Dieu et choisir les personnes que tu estimes être *digne* d'entendre sa parole et être sauvées ? Mais ces chrétiens ignorent que de la même manière qu'ils ont jugé leur prochain sur la terre, Dieu également les jugera au ciel. Si tu as la possibilité de prêcher à quelqu'un l'évangile, qu'il soit arabe, musulman, témoin de Jéhovah, homosexuel et j'en passe, et que tu ne le fais pas pour des raisons personnelles, alors tu rendras des comptes à Dieu pour cela. Il n'y a rien de plus terrible que de se retrouver au ciel auprès du Père et que ce dernier te dise qu'il ne t'a jamais connu malgré tout ce que tu as pu accomplir en son nom sur la terre, juste parce que tu as refusé d'aimer ton prochain.

- C'est très effrayant ce que vous dites. Dit Fausther d'un ton apeuré.

- Et pourtant c'est la stricte vérité. La vie chrétienne n'est pas un jeu. Ce n'est pas à nous de décider de certaines choses ou encore de mener notre vie comme bon nous semble. Nous devons obéir à la parole de Dieu, que cela nous plaise ou pas. Si Dieu t'ordonne de faire quelque chose et que tu ne le fais pas à cause de tes propres raisons ou convictions personnelles, c'est un signe de désobéissance.

Fausther hocha tristement la tête, entièrement d'accord avec ses propos.

- Je ne savais pas que le fait de ne pas aimer son prochain pourrait avoir des conséquences aussi terribles aux yeux de Dieu. Avoua-t-il.

- L'amour est le sentiment le plus puissant au monde. Il est capable d'accomplir des choses extraordinaires.

C'est en donnant de l'amour autour de nous que nous amènerons des âmes à Christ. Ce qui est dommage c'est que beaucoup de chrétiens ne l'ont pas encore compris, même certains responsables dans l'église. Maintenant que toi tu l'as compris, tu dois pratiquer l'amour désormais.

Le jeune homme le regarda en souriant.

- Merci. Merci pour vos précieux conseils.

- Je t'en prie.

- Vous êtes vraiment un grand homme de Dieu. Dit-il sincèrement.

Le pasteur éclata de rire, amusé par sa réflexion.

- Mais toi également tu l'es Fausther ! Tout enfant de Dieu l'est !...du moins c'est que Dieu attend de tous !

Le jeune homme l'enlaça tendrement avant de le remercier encore et de s'en aller le cœur joyeux. Chaque fois qu'il discutait avec son pasteur, il ressortait toujours avec des enseignements qui boostaient davantage sa foi.

8

L es parents de Fausther étaient partis en voyage avec des amis pour passer un séjour en amoureux dans les îles. Cela faisait déjà plusieurs jours que le jeune homme se retrouvait seul chez lui, pour son plus grand plaisir. Il profitait de ces moments de solitude pour prier et méditer sur tout ce qu'il avait appris ces derniers temps. Il était obnubilé par une seule chose désormais : avoir un cœur d'amour. Un cœur regardant son prochain avec les yeux de Dieu.

Depuis qu'il adressait cette prière à Dieu d'un cœur sincère, il commençait à observer du changement dans sa vie. Par exemple, l'un de ses nouveaux voisins était musulman et des rumeurs dans le quartier disaient qu'il était un ancien terroriste travaillant pour l'État islamique et qu'il fallait absolument se méfier de lui. Certains disaient même avoir des preuves de ce qu'ils avançaient. Tout le monde l'évitait et avait peur de lui, personne ne voulait laisser ses enfants jouer avec les siens, personne ne voulait fréquenter *l'ennemi*.

Ses parents, qui partageaient le même avis que leur entourage, mettaient leurs fils chaque jour en garde contre cet individu. Fausther, sans s'en rendre réellement compte, avait développé une espèce de psychose à l'égard de son voisin. Il changeait de trottoir chaque fois qu'il s'approchait de lui, ne le saluait jamais, l'évitait au maximum. Il avait tellement entendu toutes sortes d'anecdotes sur les personnes musulmanes qu'il s'était mis à avoir peur d'elles, surtout lorsque ces dernières étaient vêtues de leurs tenues traditionnelles. On avait l'impression qu'elles possédaient toujours sur elles des bombes prêtes à être lâchées à tout moment.

Le jeune homme sourit en repensant à tous ces préjugés que l'on pouvait avoir à l'égard des autres cultures et était triste de réaliser avec désolation que, malheureusement, certains chrétiens se rangeaient du côté des accusateurs.

Il décida de passer à l'acte et de mettre en pratique ce qu'il avait compris. En effet, il était important de saisir certaines choses, mais les mettre en application était encore mieux. Il alla prendre dans le réfrigérateur le gâteau qu'il avait fait la veille puis décida de rendre une petite visite inopinée à son voisin.

Il sortit de sa maison et prit la direction de la maison voisine qui se situait juste à quelques mètres de chez lui. Une fois devant la porte, il poussa un long soupir puis sonna.

Son voisin apparut presque aussitôt devant lui, revêtu de sa tenue traditionnelle. *Ce n'est pas vrai, ne peut-il pas se vêtir comme tout le monde ?* pensa instinctivement Fausther qui sursauta en le voyant. Il ferma les yeux puis secoua la tête afin de chasser ces pensées puis esquissa un large sourire.

- Bonjour·! lança-t-il d'un ton jovial.

Son voisin, étonné de le voir sur le seuil de sa porte, prit un air de surprise. Il le dévisagea, les sourcils froncés, sans prendre la peine de répondre à sa salutation.

- Je suis Fausther… votre voisin. Précisa-t-il comme ce dernier le regardait toujours sans dire un mot.

- Je sais très bien qui vous êtes. Dit-il d'un ton glacial qui lui fit froid dans le dos.

Ça y est, un barbare ! Ces arabes sont tous les mêmes, aucune convivialité ! pensa-t-il intérieurement. Non, non, non, il ne voulait plus se laisser aller à de tels jugements. S'il avait fait ce pas en se présentant chez lui c'était justement pour briser tous ces aprioris. Et puis, à quoi s'attendait-il ? Pensait-il qu'il allait le recevoir comme un ami alors qu'ils ne s'étaient jamais adressés la parole jusque-là ? Il comprenait parfaitement son attitude et devait prendre sur lui pour supporter son hostilité.

- Tenez… je vous apporte un gâteau. Balbutia-t-il en lui tendant le gâteau.

Ce dernier regarda la pâtisserie, le visage impassible avant de porter à nouveau ses yeux vers son interlocuteur.

- En quel honneur ? demanda-t-il toujours de ce ton glacial.

- En fait, je me suis rendu compte que je ne vous avais jamais accueilli comme le veut la tradition dans le quartier… avec un bon gâteau au parmesan !

- Cela fait déjà six mois que j'habite ici, c'est maintenant que vous vous en rendez compte ? demanda ce dernier qui trouva sa réponse totalement saugrenue.

- En fait, je…

Fausther fut incapable d'achever sa phrase ne sachant quoi dire pour sa défense. Il poussa une profonde inspiration et prit son courage à deux mains pour demander ce qu'il s'apprêtait à dire.

- Auriez-vous l'amabilité de me laisser entrer un moment ?...S'il vous plaît ? ajouta-t-il en faisant la moue comme ce dernier semblait hésiter.

Son voisin l'observa un moment avant d'écarter la porte afin de le laisser entrer. Fausther le remercia avant de se glisser à l'intérieur.

- Maria, déposez ce gâteau dans la cuisine s'il vous plaît. Dit son voisin en s'adressant à la dame de ménage.

Cette dernière se pencha pour saluer Fausther puis lui prit délicatement le gâteau des mains qu'elle emporta avec elle.

Fausther constata avec étonnement qu'il y avait plein de cartons dans le salon. Apparemment, ils étaient en plein déménagement. Il eut un pincement au cœur en pensant que ces derniers s'en allaient au moment où il se décidait à faire leur connaissance. Son voisin désigna un fauteuil dans lequel il l'invita à prendre place. Il s'exécuta en le remerciant poliment avant de se laisser choir sur l'énorme fauteuil confortable.

- Vous déménagez ? demanda-t-il.

- Oui. Répondit son voisin en prenant également place.

- C'est dommage.

- Pourquoi donc ?

- Parce que nous n'avons jamais eu le temps d'apprendre à nous connaître. Vous venez à peine d'arriver dans le quartier.

Le monsieur le dévisagea, perplexe.

- Excusez-moi, mais… puis-je vous demander ce qui vous conduit ici ?! Vous sonnez à ma porte, m'apportez un gâteau, cherchez à faire la causette. Tout ceci me paraît très… étrange. Dit-il d'un ton franc.

Fausther poussa un soupir en le regardant dans les yeux.

- Justement c'est pourquoi je suis ici. Avoua-t-il, mal à l'aise, en s'ajustant sur son fauteuil. Je venais vous présenter mes excuses les plus sincères. Je suis conscient que nous ne vous avons pas réservé un bon accueil lorsque vous avez aménagé dans le quartier vous et votre famille et vous m'en voyez sincèrement navré. En fait, la raison c'est que…

- Je connais parfaitement les raisons, rassurez-vous. L'interrompit-il.

- Ah bon ? demanda Fausther en fronçant les sourcils.

- Oui.

Le monsieur resta silencieux un court instant avant de poursuivre.

- C'est dommage que des individus soient constamment jugés et discriminés à cause de leur appartenance religieuse ou encore à cause de leur culture. J'ai quitté mon pays pour venir m'installer ici avec mes enfants dans l'espoir qu'ils auraient la paix et une meilleure vie. Leur mère ainsi que d'autres membres de ma famille ont perdu la vie durant un attentat dans mon pays et les pauvres enfants, ils étaient complètement traumatisés. Ils ne dormaient plus les soirs et le moindre bruit les effrayait. En tant que père, je ne supportais plus de les voir ainsi. J'ai vendu tous mes biens pour venir ici. Je voulais qu'ils se fassent de nouveaux amis et qu'ils grandissent dans un climat paisible, rempli d'amour… mais visiblement ce n'est pas le cas. Dit le monsieur tristement. Ils sont rejetés par les autres enfants du quartier et sont constamment pointés du doigt. Moi encore je suis un adulte et je peux très bien m'y faire, mais eux ? Je ne veux pas qu'ils évoluent dans un monde rempli de haine, je préfère m'en aller. Peut-être qu'en nous installant dans un quartier où vivent les gens de notre communauté, ils se sentiront plus en sécurité… comme chez eux. Nous sommes les seuls étrangers ici et c'est un peu… déstabilisant.

Fausther hocha tristement la tête. Il réalisait à quel point la haine et la méchanceté envers son prochain pouvaient être aussi très dévastatrices.

- Pour tout vous dire, plusieurs personnes dans le quartier ont des aprioris à votre égard à cause de toutes ces rumeurs qui circulent à votre sujet… et je faisais malheureusement partie de ces gens. Ajouta-t-il honteusement. Je vous demande pardon, car je vous ai jugé sans apprendre à vous connaître, mais surtout parce que je ne vous ai pas témoigné de l'amour à votre arrivée. Je sais qu'il est trop tard maintenant pour rattraper les choses, vu que vous êtes sur le point de déménager.

Il marqua une pause avant de poursuivre.

- Je ne veux pas que vous vous en alliez en emportant avec vous une image erronée de moi. Je ne veux pas que chaque fois que vous me verrez où que vous me croiserez quelque part, ce ne soit qu'une image de haine qui vous vienne à l'esprit. Je vous demande pardon.

Son voisin le regarda les yeux écarquillés. Il était à la fois sidéré et ému par la réaction du jeune homme. Il se demandait intérieurement ce qui avait bien pu se passer dans sa tête afin qu'il prenne conscience de ses agissements. Quoi qu'il en soit ses excuses paraissaient franches et sincères et il ne pouvait pas lui en vouloir.

- Vous faites preuve d'une grande humilité en venant vous excuser de la sorte. Face à une telle franchise, je ne peux qu'accepter vos excuses.

- Merci. Dit Fausther en souriant.

- Si le monde entier pouvait réagir comme vous, je suis certain qu'il n'y aurait plus de haine dans le monde.

- Je le pense également… c'est quoi votre prénom ?

- Mohamed.

- Mohamed. Moi c'est Fausther. J'ai été ravi de faire votre connaissance. Dit-il avec un large sourire en lui tendant la main.

Ce dernier hésita un bref instant avant de lui serrer la main.

- Moi également. Répondit-il en esquissant pour la première fois un sourire qui donna un autre aspect à son visage. Vous êtes un jeune homme admirable.

- Merci. Je ne vais pas vous importuner plus longtemps, je suppose que vous avez beaucoup de rangement à faire. Dit-il en se levant de son fauteuil.

- En effet.

- Passez une excellente journée et surtout faites un bon déménagement.

- Merci, c'est gentil.

Il raccompagna le jeune homme à la porte avant de refermer la porte derrière lui. Fausther prit une profonde inspiration et savoura l'air frais qui s'offrait à lui. Il était heureux d'avoir pris le courage d'aller chez son voisin pour s'excuser. Si ce dernier était parti sans qu'il ne le fasse, il s'en serait voulu de savoir qu'il emportait avec lui une image négative.

Il reprit le chemin de sa maison en sifflotant et en fredonnant une chanson, saluant avec gaieté les gens qu'il croisait sur son chemin.

L e lendemain matin, il parla avec ses parents par appel vidéo. Ces derniers firent basculer leurs caméras autour d'eux afin qu'il voie l'endroit magnifique où ils se trouvaient et semblaient s'amuser et prendre du bon temps. Sa mère lui demanda s'il se nourrissait correctement et s'il lui restait encore suffisamment de provisions, s'il amenait ses affaires à la laverie, etc. Il la blâma gentiment en disant qu'il n'était plus un enfant et était capable de se débrouiller tout seul. Ils échangèrent encore un moment avant de se séparer.

Le soir, alors qu'il était profondément endormi, du bruit dans la chambre de son frère le tira de son sommeil. Il se leva en sursaut, complètement apeuré. Des bruits de pas se faisaient maintenant entendre dans la pièce. Des sueurs froides coulèrent instantanément le long de son visage. Et si c'était des voleurs ? pensait-il au fond de lui. C'était la première fois qu'il se retrouvait confronté à ce genre de situation et il fallait que cela arrive quand il était seul. Ce n'était vraiment pas de chance.

Il consulta l'heure sur la montre qui était posée sur son bureau. *Trois heures trente minutes.* C'était effectivement à ces heures de la nuit que les malfrats opéraient. Il tourna sur place un moment, se frottant le menton et se demandant ce qu'il fallait faire. Les pas dans la chambre voisine résonnaient de plus belle et sans qu'il ne s'en rende compte, il se retrouva instinctivement devant sa porte tenant un parapluie dans les mains en guise d'arme, prêt à aller affronter les voleurs.

Il ouvrit délicatement la porte et s'avança à pas de loup dans le couloir. Il cria lorsqu'il vit une silhouette sortir de la chambre de son frère et brandit l'arme en sa direction. Ce dernier esquiva le coup en poussant un cri de terreur. Lorsque les deux hommes furent face à face, Fausther réalisa avec soulagement que c'était son frère.

- Fraser !...Tu m'as fait peur, j'ai cru que c'était un voleur ! Dit-il soulagé, la main posée sur sa poitrine.

Son frère suffoqua, encore sous le choc.

- Qu'est-ce que tu fais là ? demanda-t-il avec hésitation en le dévisageant.

- Je suis venu chercher mes affaires. Je sais que les parents sont en vacances.

- Comment le sais-tu ?

- Je vois leurs photos sur les réseaux sociaux. Répondit-il en brandissant son portable. Ils ont vraiment l'air de passer du bon temps.

- Cela fait plusieurs semaines que je t'envoie des messages et que je t'appelle sans succès… pourquoi m'ignores-tu ? demanda Fausther tristement.

- Je ne suis pas venu pour parler de ça Fausther. Tu peux retourner te coucher, j'étais sur le point de m'en aller de toutes les façons. Répondit Fraser, mal à l'aise, en faisant sortir de sa chambre une valise qui semblait lourde à porter.

- Je sais que tu penses que je t'en veux, mais tu te trompes. Insista Fausther. Qui tu es ne change rien à l'amour que j'éprouve pour toi. Tu es mon frère, mon sang.

Fraser l'observa un long moment, perplexe. Il n'en

croyait pas ses oreilles. Il est vrai que Jason l'avait appelé pour lui dire tout ce qu'il venait de lui dire, mais il avait été sceptique et avait eu du mal à le croire. Son frère était la personne la plus homophobe qu'il connaisse et il n'était pas possible qu'il change aussi radicalement, à moins d'un miracle. Il paraissait sincère, mais il avait du mal à lui faire confiance. Honteux de savoir que son frère était au courant pour sa sexualité, il baissa la tête.

Fausther saisit ce moment pour s'approcher de lui et relever délicatement son visage de sa main.

- Je t'aime Fraser… je t'aime. Répéta-t-il en le regardant droit dans les yeux.

Ce dernier éclata en sanglots en s'agrippant à son frère. Les deux hommes se mirent à pleurer ensemble, totalement émus.

- Je suis désolé Fausther. Désolé. Parvint à dire Fraser entre deux sanglots, la voix tremblante.

- Pourquoi ? demanda Fausther en encadrant son visage de ses mains.

- J'aurais tant voulu être différent. J'aurais tant voulu que papa soit aussi fier de moi comme il est de toi. Avoua-t-il en pleurant de plus belle. Je ne veux pas… je ne veux pas que vous me regardiez comme une bête de foire maintenant que vous savez toute la vérité.

- Tu n'as aucun souci à te faire. Aucun. Dit Fausther en le rassurant.

Il poussa sa tête en arrière, les yeux fixés vers le plafond, en prenant une grande inspiration avant de reprendre la parole.

- Il s'est passé beaucoup de choses ces derniers temps dans ma vie. Reprit-il. Beaucoup de choses qui m'ont amené à réaliser que j'ai le devoir d'aimer mon prochain, quel qu'il soit, sans jugement. C'est pourquoi aujourd'hui je ne te juge plus et que mon regard pour toi n'a pas changé.

- Tu… tu m'aimes toujours ? Tu en es sûr ? Demanda Fraser avec hésitation.

- Je t'aime plus que tout. Je te demande pardon pour toute la haine et la violence verbale que j'ai pu manifester devant toi à l'encontre des personnes homosexuelles. Pour toutes les fois où je disais qu'ils étaient l'œuvre du diable et qu'ils méritaient l'enfer, qu'ils ne méritaient pas de vivre sur terre. Il est vrai que je ne tolère toujours pas votre pratique sexuelle, çà c'est clair et net, mais cela ne m'empêche pas de vous aimer et de vouloir votre bonheur.

Son frère le dévisagea, ahuri.

- Qu'est-ce qui t'a fait changer d'avis ? demanda-t-il avec hésitation.

Fausther resta silencieux un moment avant de répondre.

- Dieu. Finit-il par dire avec un large sourire.

- Dieu ?!

- Oui. Il est le Seul capable d'adoucir les cœurs les plus durs, de renouveler notre intelligence, notre manière de penser, de nous faire voir le monde autrement.

Fraser qui ne comprenait absolument rien à ce qu'il disait, le regardait stupéfait.

- J'ai du mal à croire que c'est toi qui tient ce genre de discours aujourd'hui. J'ai l'impression... que je suis dans un rêve et que je vais me réveiller.

- Je sais c'est fou ! Même moi j'ai du mal à le croire ! Dit Fausther en riant.

Son frère le dévisagea, ému, les yeux baignés de larmes puis l'enlaça fortement.

- Merci. Dit-il simplement.

- Où est-ce que tu vis maintenant ? demanda Fausther, inquiet.

- Je squatte chez des amis ici et là. Je vis comme un nomade.

- Pourquoi est-ce que tu ne viens plus en cours ? Tout le monde te cherche.

- Je n'ai pas la tête à aller en cours en ce moment. Ça ne me dit rien. Dit Fraser tristement.

- Bientôt les examens de fin d'année, c'est dans quelques semaines. Je sais ce que tu traverses et je sais que ce n'est pas facile pour toi, mais tu dois faire un effort et te montrer fort pour décrocher ton diplôme.

- Non tu ne sais pas ce que je traverse. Tu n'as absolument aucune idée de ce que je peux vivre au quotidien. Tu ne sais pas ce que ça fait de se faire rejeter par sa famille, de voir son mode de vie totalement chamboulé du jour au lendemain, de trouver toujours des excuses pour que des amis t'hébergent chez eux chaque soir, de dormir avec la faim au ventre et j'en passe. Parfois… parfois j'ai juste envie de mourir.

- Ne dis pas çà, Fraser je t'en prie. Dit Fausther, à bout de souffle.

Il était terrassé à l'idée que son frère puisse vivre toutes ces choses sans une épaule pour le soutenir au quotidien. Lui encore avait une force de caractère, mais Fraser était très sensible et cela l'inquiétait terriblement.

- C'est la vérité Fausther… Je n'ai plus envie de vivre. Avoua-t-il tristement.

- Que puis-je faire pour t'aider ?

- Rien. Il n'y a malheureusement rien que tu puisses faire pour me venir en aide. Mais je vais m'en sortir, ne t'inquiète pas. J'ai juste besoin… de m'isoler un moment et de faire le vide dans ma tête.

- Je vais discuter avec papa, essayer de lui faire entendre raison. Dit Fausther en sachant d'avance que ce n'était pas une tâche facile.

- Cela ne servira à rien et tu le sais aussi bien que moi.

C'est une vraie tête de mule. Dit Fraser qui ne se faisait pas d'illusion.

Fausther hocha tristement la tête.

- Il faut que je m'en aille, on m'attend en bas. Dit Fraser.

- Qui donc ?

- Matthieu. Je n'étais pas censé mettre autant de temps, il doit s'inquiéter.

- Tu veux que je t'aide ? demanda Fausther en désignant sa valise.

- Je ne dirais pas non. Elle pèse une tonne et tu es plus fort que moi. Dit Fraser en riant.

Fausther souleva la valise qui était effectivement lourde et descendit avec elle en prenant la direction de la sortie.

- Ce n'est pas vrai Fraser, qu'est-ce que tu as mis dedans ? dit-il en faisant une grimace.

- À peu près toutes mes affaires. Ce n'est pas évident de toujours porter la même tenue.

Lorsqu'ils sortirent, Matthieu, qui attendait, garé en bas, courut aussitôt vers eux. Il freina les pas lorsqu'il vit Fausther, le regard apeuré.

- Tout va bien Matthieu. Dit ce dernier en déposant la lourde valise devant sa voiture.

Il se retourna ensuite vers son frère et lui prit les mains.

- Prends soin de toi. Dit-il ému, en l'enlaçant.

Les deux frères restèrent un moment enlacés, avant de se séparer. Sans dire un mot et sans se retourner, Fraser monta dans la voiture qui démarra aussitôt. Fausther les regarda s'éloigner jusqu'à ce qu'ils disparaissent complètement de son champ de vision puis retourna dans la maison.

9

Deux jours plus tard, après une partie de basket, Fausther demanda à Jason s'il voulait bien l'accompagner au culte ce dimanche. Contre toute attente, ce dernier se vexa en disant qu'il ne mettrait jamais les pieds dans son église.

- Qu'est-ce que tu as ? Pourquoi est-ce que tu te montres aussi froid ? demanda Fausther, stupéfait, qui ne comprenait pas sa réaction qu'il trouvait démesurée.

- Parce que depuis que nous nous connaissons tu ne m'as jamais invité dans ton église, mais étrangement depuis que tu as appris que j'étais homosexuel c'est devenu presque une obsession pour toi ! Tu me saoules les oreilles avec çà au quotidien ! s'emporta Jason.

- Qu'est-ce que tu racontes ?

- Tu sais très bien ce que je raconte Fausther ! J'ai l'impression que tu veux absolument que je vienne dans ton église pour être *délivré, être dépossédé* d'un quelconque démon ! Dit Jason en faisant un geste théâtral.

- Tu racontes n'importe quoi.

- Oh que non ! Tu ne l'exprimes peut-être pas clairement, mais ton attitude en dit long !

- Je suis désolé si je t'ai offensé d'une quelconque manière dans mon attitude, ce n'était pas intentionnel.

- Je n'ai pas décidé d'être homosexuel, Fausther, je suis né ainsi et le fait de mettre les pieds dans ton église n'y changera rien. Absolument rien du tout ! s'emporta Fausther.

- Mais pourquoi te mets-tu dans cet état ? s'emporta Fausther à son tour qui se sentait accusé par son ami.

- Parce que tu m'énerves ! cria Jason.

- Moi, je t'énerve ?!

- Oui, tu m'énerves ! répéta-t-il. J'ai l'impression… que tu es revenu uniquement vers moi pour un but : que je sois *dépossédé*. Je n'ai pas l'impression que tu sois revenu parce que tu m'aimes bien ou encore parce que je te manquais en tant qu'ami. Au début, j'étais content et j'ai trouvé ton geste émouvant, mais après je t'ai trouvé vraiment bizarre et j'ai commencé par m'interroger. Tu as commencé à m'inviter de plus en plus à des réunions des prières, à des séminaires, au culte. Il ne se passe pas un jour sans que tu ne m'invites à prendre part à une quelconque réunion et franchement c'est lassant.

Jason marqua une pause avant de poursuivre.

- Si tu es revenu uniquement vers moi dans le but que je sois *délivré* alors je préfère mettre une croix sur notre amitié.

Le jeune homme ramassa ses affaires et s'en alla, vexé, sans se retourner. Fausther le regarda s'éloigner puis jeta au sol son tee-shirt qu'il avait enlevé et qu'il tenait dans sa main.

Jason avait raison. Il s'en rendait compte maintenant et avait honte de l'admettre. Depuis qu'il avait découvert son homosexualité, il était obnubilé par le fait que son ami se convertisse et qu'il donne sa vie à Jésus afin d'être sauvé.

Il voulait se convaincre à lui-même qu'il l'invitait afin qu'il soit touché par la parole de Dieu, mais en réalité c'était pour qu'il soit touché par la parole de Dieu afin d'être *dépossédé* par la suite. Son ami l'avait bien ressenti et il s'en voulait. Il avait été maladroit dans ses agissements.

Il comprenait qu'on ne devait pas inviter des personnes à l'église avec des intentions derrière la tête, mais qu'on devait les inviter simplement pour qu'elles fassent la rencontre personnelle de Jésus-Christ et qu'elles découvrent par elles-mêmes son amour inconditionnel. Tout le reste était à la charge de Dieu.

Il comprenait que tout ce qu'il devait faire en tant que chrétien était d'aimer son ami tout simplement. L'aimer et le regarder avec les yeux de Dieu. Prier pour lui et lui parler de Dieu chaque fois que l'occasion se présenterait. En effet, c'est en agissant de la sorte que ce dernier voudra de lui-même venir à l'église. On ne décide pas un bon matin d'aller à l'église sans avoir au préalable entendu parler de Dieu ou de Jésus, c'est tout le contraire. Il se reprocha de lui avoir donné une mauvaise impression et se promit intérieurement de se corriger par la suite.

Les parents de Fausther rentrèrent de voyage quelques jours plus tard. Il les accueillit en leur faisant la bise et en prenant leurs valises des mains, puis leur demanda de lui raconter comment s'était passé leur séjour.

- C'était in-cro-yable ! Dit sa mère avec excitation. Cela faisait longtemps qu'on n'avait pas passé d'aussi belles vacances ! Dommage que le séjour fut court.

- Nous avons fait du jet ski ! Et j'ai même assisté à un tournoi de basket ! Tu aurais aimé être là, dans les gradins, à ressentir toute cette adrénaline ! Renchérit son père. C'était vraiment un séjour formidable.

- Je suis ravi que vous vous soyez amusés… Je vous sers quelque chose à boire ? demanda Fausther poliment.

- Une bonne limonade fraîche ! dit sa mère.

- Pour moi, ce sera une bonne bière glacée !

Ils prirent place confortablement sur leurs fauteuils pendant que leur fils alla chercher leurs boissons à la cuisine. Il revint quelques minutes plus tard et les servit.

- Merci chéri. Dit sa mère qui porta aussitôt sa boisson à la bouche.

- Tu es un bon garçon. Renchérit son père qui imita sa femme.

Fausther prit place en face d'eux et les dévisagea en souriant. Il était content qu'ils soient de retour. Ils lui avaient manqué.

- Alors… quoi de neuf en notre absence ? demanda son père d'un ton curieux.

- Rien de spécial. La routine.

- On a croisé un voisin en descendant de voiture qui nous apprit que *l'autre* avait déménagé. Dit son père en parlant de Mohamed.

C'était toujours comme ça qu'ils le surnommaient. *L'autre.*

- Oui. Acquiesça Fausther.

- Tant mieux. On n'a plus rien à craindre maintenant. Dit son père qui finit d'un trait sa bière.

- Il me fichait une de ces trouilles ! dit sa mère en frissonnant.

Fausther était attristé par leur réaction et préféra ne pas leur parler de sa petite visite chez lui avant son départ.

- Ton père et moi avons décidé de prendre plus de temps pour nous relaxer à l'avenir en effectuant plus souvent des voyages de ce genre. Dit sa mère en le tirant de ses pensées. Nous avons eu comme une sorte de... révélation durant ce séjour.

- Oui, c'est vrai. Nous avons réalisé que nous avons accordé plus de temps à nos carrières et à nos passions respectives ces dernières années qu'à notre vie de couple et notre famille.

- Nous avons suivi une thérapie de couple qui était simplement extraordinaire, mais il y a également des thérapies familiales et je souhaite que nous y prenions part tous les trois. Certains de nos amis qui sont venus avec leurs enfants ont en fait et ce qui est ressorti de ces rencontres étaient simplement hallucinant. Les langues se sont déliées et beaucoup de secrets sont sortis de leurs placards. Mais après, cela procure une sensation de libération complète. On devrait essayer, nous aussi, je pense. On m'a donné une adresse où nous pourrons consulter ici. Dit-elle en recherchant l'adresse dans son téléphone.

- Les thérapies familiales ? Ce ne sont pas ces thérapies où l'on traite des problèmes de famille spécifiques ? demanda Fausther en fronçant les sourcils.

- Si, mais pas spécialement. On peut également aborder plusieurs autres sujets. Répondit sa mère en levant les yeux vers lui avant de continuer sa fouille.

- Dans ce cas... ne serait-il pas judicieux que Fraser prenne part à cette thérapie ? demanda Fausther avec hésitation. Je pense que ce serait une bonne chose pour notre famille... vu la situation.

Le fait de prononcer le prénom de son frère changea l'humeur de ses parents et l'atmosphère devint électrique tout à coup.

- Fraser ne fait plus partie de cette famille Fausther, mets-toi çà bien en tête. Dit son père d'un ton glacial.

- Mais...

- Il n'y a pas de, mais. L'interrompit-il.

Catherine détourna le visage pour masquer sa tristesse. Chaque fois qu'elle pensait à son fils, elle était saisie de toutes sortes d'émotions.

- Dans ce cas, ne comptez pas sur moi pour prendre part à cette thérapie familiale. Dit Fausther, vexé, en se levant et en quittant la pièce avant de leur souhaiter une bonne nuit.

Catherine guetta son mari du coin de l'œil et vit qu'il était rouge de colère. Il en voulait toujours à son fils et n'était pas prêt de lui ouvrir la porte de chez lui maintenant... contrairement à elle qui était revenue à de meilleurs sentiments. Elle se leva à son tour et regagna lentement leur chambre. Marc resta tout seul au salon, le regard dans le vide, énervé. Chaque fois qu'il pensait à son fils, cette image de lui dans les bras de son copain lui revenait en tête et c'était juste insoutenable. Ils les avaient trahis et il n'était pas prêt à tourner la page maintenant. Il n'avait plus de fils.

Le lendemain, alors que Fausther révisait dans sa chambre pour les examens de fin d'année qui auraient lieu dans quelques jours, sa mère entra dans sa chambre en panique.

- Fausther, je crois qu'il y a un cambrioleur qui est entré dans la maison ! dit-elle.

- Qu'est-ce qui te le fais penser ? demanda-t-il inquiet.

- La chambre de ton frère a été fouillée. Je le sais parce que je la range presque tous les soirs.

Fausther sourit en portant à nouveau son attention sur ses cahiers.

- Rassure-toi aucun voleur ne s'est introduit dans la maison. C'est Fraser, lui-même, qui a fait un tour ici. L'informa-t-il.

- Pardon ?! Demanda-t-elle stupéfaite en s'approchant de lui pour avoir d'amples explications.

- Pendant que vous étiez en voyage, il est passé récupérer certaines de ses affaires. Expliqua-t-il.

Catherine resta un moment silencieuse, l'air triste.

- Est-ce qu'il… est-ce qu'il va bien ? demanda-t-elle après un moment d'hésitation.

Fausther soupira avant de lui répondre.

- Ce n'est pas facile pour lui et à vrai dire je suis inquiet. Confia-t-il. Il m'a avoué qu'il squatte ici et là chez des amis… et qu'il a des pensées suicidaires.

Catherine, sous le choc de cette confidence, poussa un long soupir puis posa une main sur sa poitrine. Elle eut un pincement au cœur et n'avait qu'un seul désir en cet instant précis : prendre son fils dans ses bras.

- Il ne faut pas qu'il commette une bêtise. Dit-elle, apeurée.

- Ce n'est pas facile pour lui de se retrouver dans la rue du jour au lendemain alors qu'il avait un toit où il pouvait dormir bien au chaud et qu'il avait une famille qui était là pour lui. Fraser est quelqu'un de très sensible et d'extrêmement timide, je sais qu'il ne supportera pas cette situation bien longtemps si personne ne lui vient en aide.

- Que pouvons-nous faire dans ce cas ? Ton père ne veut plus entendre parler de lui et il est radical là-dessus. Dit-elle tristement.

- Tu as essayé de discuter avec lui ?

- Oui, mais il pique une crise chaque fois que j'aborde le sujet. Il est encore très en colère contre ton frère et je préfère ne plus en parler pour le moment. Il n'est pas encore prêt à lui pardonner.

Fausther hocha la tête.

- Et toi ?...Tu ne lui en veux pas ? Je sais que tu as toujours partagé les mêmes sentiments que ton père sur les homosexuels. Demanda-t-elle en le dévisageant les sourcils froncés.

- C'était avant, mais plus maintenant. Répondit-il en souriant.

- Qu'est-ce qui t'a fait changer d'avis ? demanda-t-elle, surprise.

- Quelqu'un d'exceptionnel. Quelqu'un qui m'a appris à aimer mon prochain tel qu'il est et à l'accepter avec ses différences.

- Quelle est cette personne ? demanda Catherine, curieuse.

- Dieu.

- Dieu ?! répéta-t-elle, ahurie.

- Oui. J'ai réalisé que cela fait plusieurs années déjà que je suis chrétien, mais que je ne pratiquais pas le commandement le plus fondamental de la Bible : l'amour.

Sa mère resta sans voix ne sachant quoi répondre.

- Et... tu es donc sûr qu'aujourd'hui tu aimes toujours ton frère comme avant ? demanda-t-elle d'un ton sceptique.

- Oui. Répondit-il sans hésitation.

- Tu tolères donc le fait qu'il ait des rapports sexuels avec quelqu'un du même sexe que lui ?! demanda-t-elle, sidérée.

- Non. Je ne tolère pas ça parce que c'est contre nature et que la Bible condamne cet acte. En fait... tu peux aimer quelqu'un sans pour autant tolérer son mode de vie. Est-ce que tu comprends ?

- Non chéri, j'ai du mal à saisir ce que tu essaies de me faire comprendre. Répondit-elle sincèrement d'une voix douce.

- Tu peux aimer les homosexuels sans pour autant tolérer leur pratique sexuelle. Tu dois les aimer premièrement parce que ce sont également des créatures de Dieu comme toi et moi, et que Dieu aussi a un plan magnifique pour leur vie comme il l'a pour tous les êtres humains, quelles que soient leurs religions, leurs origines, leurs cultures. Ensuite, tu dois les aimer parce qu'ils méritent l'amour... comme tout le monde. Nous ne devons pas mettre l'accent premièrement sur leur pratique sexuelle, mais sur leur personnalité, leurs qualités. Il y a certains qui sont très bons. Tiens, Jason par exemple, il est...

- Jason ?...Jason est homosexuel ?! demandera Catherine sous le choc.

Oups. C'était parti tout seul. Il n'avait pas su retenir sa langue. Ses parents avaient encore du mal à accepter et tolérer l'homosexualité de leur fils qu'il venait d'apprendre par maladresse à sa mère que son ami, qu'ils aimaient tant, l'était aussi.

- Ne le dis pas à papa, je t'en prie. Lui supplia-t-il, en faisant une grimace.

Elle leva les yeux au ciel, puis quitta la pièce, troublée. Fausther se prit la tête entre les mains, s'en voulant de s'être laissé emporter par ses émotions. Maintenant qu'elle était au courant pour son ami, elle ne le verra plus de la même façon.

10

Les résultats des examens sortirent quelques semaines plus tard. Les étudiants, anxieux, se bousculèrent dans les couloirs et devant les tableaux d'affichage pour vérifier leurs noms sur les listes qui étaient affichées devant eux.

Jason sauta de joie en voyant qu'il avait validé toutes ses matières et qu'il avait obtenu son examen avec mention. Fausther, le cœur battant la chamade, s'approcha de la liste et constata, malheureusement, qu'il passerait au second tour à cause de certaines notes qui n'étaient pas très bonnes. Il prit un air abattu et son ami s'approcha de lui pour le réconforter.

- Ce n'est pas grave. Dit Jason en posant une main sur son épaule. Ce n'est pas parce que tu ne l'as pas obtenu au premier tour que cela signifie que tu n'auras pas ton examen.

- Je me suis tellement préparé pour ces examens… Je n'aime pas l'échec. Dit tristement Fausther en poussant un soupir.

- Tu ne devrais pas. Ce sont les échecs qui forgent notre mentalité et nous donnent la rage de nous battre pour atteindre nos objectifs.

Jason alla vérifier les notes de son ami puis revint vers lui.

- Tu reviens pour deux matières seulement. Contrairement à certains, ce n'est déjà pas mal.

Fausther hocha la tête, totalement dépité. Il fit de la peine à son ami qui lui proposa de l'aider à réviser pour ses rattrapages.

- Tu ferais çà ?! Demanda-t-il, stupéfait.

- Bien sûr ! À quoi servent les vrais amis sinon ? … je peux passer chez toi pour qu'on travaille ensemble si tu le souhaites.

- Volontiers… merci, c'est vraiment gentil de ta part.

- Tu n'as pas à me remercier.

- Tu es un vrai ami.

Jason sonna à la porte de son ami le lendemain et c'est sa mère, Catherine, qui vint ouvrir la porte. Contrairement à d'habitude, elle ne l'accueillit pas avec un large sourire. Son visage était impassible et son regard froid.

- Bonjour Catherine ! Lança-t-il en souriant.

- Bonjour Jason. Répondit-elle sèchement en le toisant.

Il avait l'impression de voir une inconnue en face de lui et prit peur.

- Fausther est là ? Je suis venu l'aider à réviser.

Au même moment, son ami fit son apparition derrière sa mère.

- Jason ! Je me demandais si tu allais encore venir ! Lança-t-il en consultant sa montre.

- Je suis en retard effectivement, j'ai eu un petit souci en venant. Répondit-il en levant la tête par-dessus l'épaule de sa mère pour lui faire face.

- Mais entre ! Pourquoi restes-tu devant la porte ?

Catherine s'écarta pour lui céder le passage puis s'en alla sans dire un mot.

- Elle est bizarre ta mère aujourd'hui. Est-ce qu'elle a un souci ? Demanda Jason à son ami en murmurant.

- Tu connais les femmes, laisse tomber ! Un jour elles sont souriantes et adorables et le jour d'après ce sont de vraies *chipies* ! Plaisanta Fausther d'un rire nerveux.

Il savait parfaitement la raison de l'hostilité de sa mère envers son ami, mais préféra garder cela pour lui. Il l'entraîna dans sa chambre et les deux jeunes hommes commencèrent les révisions aussitôt.

Pendant qu'ils révisaient, Fausther fut impressionné de

constater à quel point son ami était intelligent et à quel point il avait une telle facilité à transmettre ses connaissances. Grâce à lui, il arrivait rapidement à assimiler ce qu'il ne comprenait pas jusqu'alors.

- Tes parents doivent être fiers de toi. Tu es très brillant, que ce soit en sport ou encore au niveau des études. Lui dit-il.

Jason prit un air triste et ne réagit pas à son propos.

- Jason, ça va ? Demanda Fausther en le dévisageant.

- Oui, oui, c'est juste que… quand tu as parlé de mes parents, ça m'a fait un peu bizarre. Avoua-t-il d'un ton triste.

- Pourquoi ?

- Parce que cela fait longtemps que je ne les ai plus revus et que je n'ai plus des nouvelles d'eux.

- Comment ça ?

Jason le regarda droit dans les yeux avant de répondre.

- Ils m'ont mis à la porte lorsqu'ils ont su pour mon homosexualité.

- Oh… je suis désolé.

- Ce n'est pas grave, tu ne pouvais pas savoir. Cela va faire deux ans aujourd'hui.

Fausther baissa la tête et prit la parole d'un air triste.

- C'est très difficile pour moi en ce moment, j'ai la tête un peu… dans les étoiles. Je suis constamment anxieux au sujet de mon frère et je m'interroge sans arrêt. *Qu'est-ce qu'il fait ? Est-ce qu'il a mangé ? Est-ce qu'il a eu un toit où dormir cette nuit ? Est-ce qu'il va bien ? Avec qui il est ?* Malheureusement, je n'ai pas les réponses à mes questions et c'est ça qui est le plus douloureux dans l'histoire. Il n'a pas passé son examen et personne n'a de ses nouvelles. Il est carrément injoignable aujourd'hui. Je me suis rapproché de son copain Matthieu pour en savoir plus, mais il m'a dit qu'il ne peut pas m'aider, car lui non plus n'a plus de ses nouvelles. Je ne sais pas s'il faut le croire ou pas. J'ai un mauvais pressentiment et j'ai peur qu'il fasse une bêtise.

– Je vais demander à Matthieu de me dire la vérité au sujet de Fraser. Je vais lui dire que tu es vraiment inquiet pour lui et que tu veux juste savoir s'il va bien ou pas.

– Merci. C'est vraiment gentil de ta part.

– Je t'en prie.

Fausther dévisagea Jason en se frottant le menton puis écarquilla les yeux comme si une pensée venait de lui traverser l'esprit.

– Tu as toujours refusé que je te raccompagne chez toi chaque fois que je te le proposais… c'est parce que tu ne vis plus chez tes parents ?

– Oui.

– Mais… où vis-tu maintenant ?

Jason, gêné, prit un moment d'hésitation avant de répondre.

- Dans un refuge pour personnes en difficulté. Avoua-
t-il, honteux.

- Dans un refuge ?!

- Oui. Je ne connais personne qui soit fier de dire qu'il
vit dans cet endroit quand tout le monde a une maison. Je
suis très discret en ce qui concerne ma vie privée,
personne n'est au courant... et je te prie de garder çà
pour toi.

- Tu peux compter sur moi, je sais garder un secret.
Mais dis-moi, tu n'as jamais essayé de retourner chez tes
parents ? Deux ans sans vous voir, c'est long. Peut-être
qu'ils ont changé d'avis entre temps.

- Je ne sais pas... je ne le pense pas. Mon père n'est
pas du genre à revenir sur ses décisions, et avoir un fils
homosexuel est très compromettant pour sa carrière
politique.

- Il fait de la politique ?

- Oui, et il appartient à un parti très conservateur. Je
crois que c'est surtout çà qui l'a effrayé et l'a poussé à me
chasser de sa vie. Il avait peur des jugements et des repré-
sailles de son entourage. J'ai entendu dire qu'il raconte à
tout le monde que je poursuis mes études à l'étranger et
que je compte même m'y installer.

- Ça doit être douloureux pour toi.

- Oui, mais bon... le temps finit par nous rendre forts.
Je ne leur en veux pas, tu sais, je sais que ce n'est pas facile

pour un parent d'accepter que la vie qu'il avait toujours imaginée pour son enfant n'était qu'une chimère en fin de compte et que la réalité est toute autre. Je ne sais pas comment j'aurais réagi si j'étais à leur place alors je préfère ne pas les juger.

- Et ta mère ? Comment a-t-elle réagi ?

- Comme toutes les mères. Elle a fondu en larmes en disant qu'elle n'aura jamais de belle-fille et des petits-enfants de sa vie.

Fausther l'observa un moment sans rien dire avant de poursuivre.

- En tout cas, tu es un garçon très courageux et je t'admire beaucoup. Dit Fausther, sincèrement. Personne ne peut s'imaginer que ta vie n'est pas rose quand on te regarde.

- Je suis très doué pour me fondre dans la masse, en effet… allez, assez discuté ! Je suis venu ici pour réviser et t'aider à obtenir ton diplôme avec mention, pas pour autre chose !

- Tu as raison, il y a un temps pour tout. À ce rythme, je sens qu'on va passer toute la journée à papoter comme des filles ! Dit Fausther en riant.

Les deux jeunes hommes se remirent à travailler avec acharnement ce jour-là et ne virent pas le temps passer. Ils restèrent enfermés dans la chambre jusqu'au soir. Les jours qui suivirent étaient pareils. Jason se rendait chez

Fausther tous les jours pour réviser et son père lui était vraiment reconnaissant pour cela et le lui exprimait chaque fois qu'il le voyait. Catherine, cependant, se montrait froide et distante. Son attitude troublait terriblement le jeune homme qui décida de ne pas faire part de ses impressions à son ami et de tout garder pour lui.

Grâce à Jason, Fausther avait réussi à assimiler ce qui lui semblait jusqu'à présent difficile à comprendre et avait pu mettre en application tout ce qu'il avait appris les jours suivants lors de sa session de rattrapage.

Quelques jours plus tard, alors que Catherine était sur le parking d'un supermarché et qu'elle rangeait dans sa voiture les courses qu'elle venait de faire, Jason qui passait par là s'approcha d'elle avec un large sourire.

- Bonjour Catherine, comment allez-vous ?

- Ça va Jason. Grommela-t-elle en continuant de ranger ses courses et en l'ignorant totalement.

- Vous voulez que je vous aide ? proposa-t-il gentiment en décidant d'ignorer son indifférence.

- Non merci ça ira. Je suis sur le point de terminer de toutes les façons. Dit-elle en esquissant un sourire hypocrite qui ne passa pas inaperçu aux yeux du jeune homme.

Jason resta là, immobile, à la regarder. Il savait bien qu'il y avait quelque chose qui avait changé chez cette femme adorable qui était d'ordinaire souriante. Avait-il fait quelque chose qui ne lui avait pas plu ? Avait-il eu un comportement déplacé chez eux ? Il ne comprenait pas. Il essaya de réfléchir rapidement à une quelconque maladresse qu'il aurait eu à commettre chez eux, mais rien ne lui vint à l'esprit et à ce qu'il sache sa conscience ne lui reprochait de rien. Alors, pourquoi avait-elle changé ? Il savait bien qu'il y avait certaines personnes qui avaient du mal à exprimer leurs sentiments lorsqu'elles avaient été offensées et par conséquent préféraient se replier sur elles. Peut-être que c'était le cas de Catherine.

Alors qu'elle monta dans son véhicule et qu'elle s'apprêtait à refermer la portière, il décida de crever l'abcès.

- Catherine... je vois bien que vous avez changé et que vous avez une autre attitude à mon égard. Qu'y a-t-il ? Est-ce que... est-ce que je vous ai offensé d'une quelconque manière ? Si c'est le cas, je vous prie de me pardonner, car cela n'a jamais été mon intention de vous vexer. Vous êtes une femme formidable et... je ne veux pas que vous soyez fâchée après moi. Ajouta-t-il tristement.

Catherine fut émue de le voir s'excuser pour quelque chose qu'il ignorait totalement et il était sincère. Elle eut un pincement au cœur puis poussa un long soupir avant de prendre la parole.

- Tu n'as rien fait de mal Jason, rassure-toi. Dit-elle de

son magnifique sourire qu'il connaissait tant et qu'il aimait.

- Mais alors… pourquoi avez-vous changé ? Pourquoi êtes-vous devenue froide et distante avec moi ? Je ne vous reconnais plus.

Elle resta sans voix un moment, réfléchissant à ce qu'elle pourrait bien lui dire. Elle décida de jouer la carte de la franchise.

- Je sais tout Jason. Dit-elle simplement.
- Pardon ?!
- Je suis au courant pour ton homosexualité.

Le cœur de Jason ne fit qu'un tour dans sa poitrine et il resta la bouche entrouverte. Il baissa la tête, honteux, incapable de prononcer la moindre parole.

- Tu n'as pas à avoir honte, je ne t'en veux pas. La vérité c'est que… j'étais jalouse.

Il leva le regard vers elle, les sourcils froncés, ne comprenant pas où elle voulait en venir.

- Je ne comprends pas. Dit-il.
- En fait, c'est moi qui m'excuse d'avoir été désagréable avec toi. J'avais tellement de sentiments enfouis au fond de moi et tu étais simplement le parfait bouc émissaire pour subir ma frustration. Mon mari a chassé Fraser de la maison et ne veux plus jamais entendre parler de lui parce qu'il est homosexuel. À l'inverse, je te vois venir constamment à la maison, manger et t'amuser avec mon

mari alors que tu l'es également. Je me disais... je me disais au fond de moi que c'est injuste et que Fraser qui devait être là, à ta place, et cela m'irritait. J'ai été tenté de dire plusieurs fois la vérité à Marc pour qu'il te chasse également de notre vie, comme il l'a fait avec Fraser, mais je me suis rétractée pour ne pas m'attirer la colère de Fausther. La vérité, c'est que... mon fils me manque terriblement, et je ne sais même pas où il est.

Elle laissa tomba son masque et se mit à pleurer à chaudes larmes. Jason, prit de compassion, ouvrit la portière et la prit dans ses bras pour la réconforter. Elle s'agrippa à lui en exprimant sans retenue toute sa douleur et sa souffrance.

- Il me manque. Répéta-t-elle.

- Ça ira, ne vous inquiétez pas... Je suis sûr que vous aurez bientôt de ses nouvelles... je vous le promets. Ajouta-t-il avec une lueur d'espoir.

Elle hocha la tête en reniflant, l'air abattu. Elle lui fit vraiment de la peine qu'il ressentait à l'instant le besoin de faire quelque chose.

Il avait l'intention de se rendre chez Matthieu afin que ce dernier lui dise tout ce qu'il savait sur Fraser. Il voyait bien que Fausther et Catherine étaient malheureux à la suite de son départ et voulait leur apporter un peu de consolation en leur donnant de ses nouvelles. C'était la moindre chose qu'il pouvait faire pour eux.

Tout était clair maintenant. Il comprenait maintenant pourquoi Catherine avait changé et ses explications étaient tout à fait compréhensibles. Son fils homosexuel n'avait plus le droit de mettre les pieds chez eux alors que lui, qui l'était également, y venait constamment, à la demande même de son mari. Elle trouvait cela injuste.

11

Jason donna rendez-vous à Matthieu dans un fast-food. Il était un habitué de la maison et avait l'habitude de venir manger à cet endroit chaque fois que l'envie lui venait. Leurs hamburgers étaient simplement succulents et défiaient toute concurrence.

Il consulta sa montre. Cela faisait déjà trente minutes qu'il attendait. Son ami était en retard. Il se mit à tapoter impatiemment des pieds, las d'attendre, lorsque Matthieu fit son entrée dans le restaurant quelques secondes plus tard. Il leva la main pour lui faire signe et ce dernier s'avança aussitôt, le sourire aux lèvres.

- Tu es en retard. Se plaignit-il lorsqu'il prit place en face de lui.

- Je sais, je suis désolé… Tu n'as pas encore commandé ? demanda-t-il en constatant la table vide en face de lui.

- Non, je t'attendais, je suis civilisé, moi... *Les bonnes habitudes*, je connais.

- Ça va, n'en rajoute pas. Dit Matthieu en sachant pertinemment qu'il faisait allusion à son retard.

Jason appela le serveur et ils passèrent leur commande. Matthieu accrocha sa veste sur sa chaise et prit confortablement place en croisant les bras sur sa poitrine.

- Alors, qu'as-tu à me dire ? Tu m'as dit que c'était urgent au téléphone. Dit-il.

- C'est au sujet de Fraser.

- Oh. Dit simplement Matthieu en pouffant, l'air déçu.

- Pourquoi fais-tu cette tête ? demanda Jason en fronçant les sourcils.

- Pour rien... que veux-tu savoir ?

- Je veux que tu sois franc avec moi et que tu me dises où il se trouve et s'il va bien afin que je rassure ses proches qui sont inquiets. Il est injoignable.

- Malheureusement, je ne peux rien te dire. Moi non plus je ne sais pas où il se trouve. Dit Matthieu d'un ton nonchalant en haussant les épaules.

- Ne me ment pas Matthieu. Dit Jason en le fixant droit dans les yeux.

- Pourquoi est-ce que je te mentirais ?

- Tu es son copain. Tu sais forcément où il est.

- *J'étais.* Rectifia-t-il.

- Pardon ?!

Le serveur apporta leur commande à ce moment et ils restèrent un moment silencieux le temps qu'il termine son service et qu'il s'en aille.

- On s'est pris la tête et on a mis un terme à notre relation. Poursuivit Matthieu en croquant à pleines dents dans son burger, une fois le serveur parti.

- Vous... vous n'êtes plus en couple ?! demanda Jason qui tombait des nues.

- Non.

- Pourquoi ?!

- Je viens de te le dire : on s'est pris la tête. Fraser est une vraie chochotte qui n'arrête pas de se plaindre et de pleurer comme une gonzesse. Depuis que son père l'a chassé de leur domicile, il est totalement inconsolable. J'ai tout fait pour lui remonter le moral, en vain. C'est moi qui ai contacté certains de mes amis pour qu'ils l'hébergent, c'est encore moi qui lui trouvais toujours à manger, lui prêtait des vêtements, mais il n'était jamais content et trouvait toujours quelque chose à redire. *Que veux-tu mon gars, c'est la vie ! Il faut être fort !* Je le lui répétais toujours sans cesse, mais cela ne changeait rien à sa dépression. Un jour j'en ai eu marre et je lui ai dit de se débrouiller tout seul. Je suis parti.

Jason grimaça et poussa un soupir en se prenant la tête dans les mains.

- Pourquoi est-ce que tu as fait çà Matthieu ? Tu sais bien qu'il est sensible. Lui reprocha-t-il.

- C'est facile de me critiquer, mais j'aurais bien voulu te voir à ma place. Être avec quelqu'un qui passe tout son temps à pleurnicher franchement c'est ennuyeux.

- Que vais-je dire, moi, à sa famille maintenant ? Dit Jason en poussant à nouveau un soupir. J'espérais avoir de ses nouvelles par ton intermédiaire afin de pouvoir les rassurer.

Matthieu le dévisagea un moment avant de pousser un soupir et de reprendre la parole.

- Un ami à moi m'a dit qu'il l'aperçoit souvent errer dans sa rue. Je vais essayer d'y faire un tour tout en espérant le croiser.

- Merci, c'est gentil.

Au même moment, les anciens coéquipiers de l'équipe de basket de Jason entrèrent dans le restaurant. Ce dernier détourna le visage lorsqu'il les aperçut afin qu'ils ne le voient pas, mais c'était trop tard.

- Regardez qui est là les amis, Jason ! Dit Pat, son ancien capitaine, en s'approchant de leur table.

Jason, mal à l'aise, leva le regard vers lui.

- Bonjour Pat. Dit-il.

- Bonjour Jason. Alors, tu es venu manger en amoureux ?... C'est ton *petit ami* ? Le titilla-t-il d'un ton espiègle en dévisageant Matthieu.

- Qu'est-ce que cela peut bien te faire ? se défendit Jason.

- Ce restaurant est interdit aux *tapettes* de votre espèce. Accentua Pat en serrant les dents.

- Tu as fini ? demanda Jason à l'adresse de Matthieu, gêné.

Ce dernier hocha la tête. Jason régla l'addition et demanda à son ami de le suivre. Ils se levèrent de table et prirent la direction de la sortie.

- C'est çà, allez-vous-en ! On ne veut pas de vous ici ! cria Pat derrière leurs dos en les toisant.

L es résultats des examens sortirent quelques jours plus tard. Fausther, le cœur battant à cent à l'heure, s'avança dans le couloir où se bousculait une foule d'étudiants autant stressés que lui. Ça y est, le jour fatidique était enfin arrivé. S'il validait son examen, il obtiendrait son diplôme de fin de cycle et entamera une autre étape de sa vie : le monde professionnel. Il avait hâte de faire son entrée dans ce nouveau milieu.

Jason, qui se tenait près de lui, était venu le soutenir et était autant angoissé que lui. Lisant la peur sur le visage de son ami, il posa une main affectueuse sur son épaule pour le réconforter.

Une fois devant les listes qui étaient accrochées sur le tableau d'affichage, Fausther fit volte-face et se tourna vers Jason.

- Je ne peux pas regarder. Fais-le pour moi, je t'en prie. Dit-il.

- Tu en es sûr ?

- Oui. Dit Fausther en s'éloignant.

Jason s'approcha de plus près des listes qu'il consulta minutieusement. Il fit défiler son doigt à la recherche du nom de son ami qu'il ne semblait pas repérer. Il recommença à nouveau et prit son temps cette fois-ci.

Fausther, qui l'observait au loin, sentait des sueurs froides couler le long de son visage. Il s'adossa contre le mur qui était derrière lui et se mit à tapoter nerveusement du pied, ne tenant plus en place. Il n'avait pas été satisfait de son travail au sortir des épreuves et c'est çà qui l'effrayait le plus. Les pensées les plus sombres lui venaient à l'esprit et toute forme d'espoir se volatilisait.

Lorsque son ami s'avança près de lui, il crut qu'il allait s'évanouir, d'autant plus que ce dernier faisait une mine épouvantable.

- Je suis sincèrement désolé Fausther... Dit-il tristement.

Fausther, abattu, baissa la tête.

- Je suis sincèrement désolé parce que tu vas devoir faire tes au revoir à tes parents pour aller travailler en province dans le cabinet de ton oncle. Lança Jason, un large sourire aux lèvres.

- Quoi ?! dit Fausther, en levant la tête, les yeux écarquillés.

- Tu as validé ton examen !

- Tu plaisantes ?!

- Non !

Fausther poussa des cris de joie et esquissa des petits pas de danse, ivre de joie. Il souleva ensuite Jason en répétant qu'il avait réussi. Ce dernier, amusé et gêné à la fois par tous ces regards curieux qui les dévisageaient, ne savait plus où se mettre.

Le soir, Marc et Catherine invitèrent leur fils dans un restaurant pour fêter cet événement. Ils étaient heureux pour lui et avaient hâte d'assister à la remise des diplômes.

- Il faut que nous fassions une fête pour célébrer tout ça. Dit Catherine, excitée, portant à sa bouche sa fourchette. Ta compétition de basket, ton diplôme. Nous inviterons tes amis, la famille...

- Maman, je n'ai pas besoin de faire une fête.

- Tu en es sûr ?

- Bien sûr !

- J'appellerai ton oncle demain pour lui dire que tu as obtenu ton diplôme et que tu descendras comme convenu chez lui pour qu'il te prenne dans son cabinet. Je n'arrive pas à croire que tu as fini tes études, c'est passé tellement vite… tu es certain que tu ne veux pas faire de fête ? demanda Marc.

- Bien sûr, mais qu'est-ce que vous avez avec ça à la fin ?! Vous êtes lourds ! s'emporta Fausther.

- Ne t'énerve pas chéri, c'est juste que… nous sommes heureux pour toi et voulons le célébrer à notre manière, c'est tout. Maintenant, si tu ne veux pas faire de fête, nous respectons ton choix et *nous n'insisterons pas*. Accentua Catherine, le sourire forcé, en se tournant vers son mari qu'elle savait têtu et insistant.

- Pour moi le fait de dîner ici avec vous et que vous me dites que vous êtes fiers de moi est suffisant. Je n'en demande pas plus. Poursuivit Fausther.

Ses parents hochèrent la tête en souriant et ils poursuivirent le repas dans une humeur conviviale.

Au même moment, à l'extérieur du restaurant, quelqu'un les épiait derrière une vitre. Fraser. Alors qu'il se tenait de l'autre côté de la rue prêt à traverser, il les avait aperçus se garer et entrer dans le restaurant et les avait suivis discrètement.

Cela faisait déjà quelques semaines que le jeune

homme errait dans cette rue et qu'il s'était lié d'amitié avec un jeune commis de cuisine qui lui donnait de temps en temps, avec l'accord de son patron, des restes des mets afin de ne pas les jeter à la poubelle. Il venait récupérer presque chaque soir les paquets qui lui étaient réservés et il les partageait avec le petit groupe d'amis qu'il avait formé.

Bien que cela fût difficile au début, il avait fini par s'y habituer à la longue. Il faut dire également qu'il avait été bien accueilli par ces jeunes qui, comme lui, se retrouvaient dans la rue pour diverses raisons. Ils squattaient des *coins* chauds où ils pouvaient passer la nuit, se lavaient dans des douches publiques, faisaient quelques fois la manche, allaient manger dans des refuges lorsqu'il y avait des places. C'était un mode de vie où toute notion de fierté était mise à rude épreuve pour quelqu'un comme lui qui venait d'une bonne famille et qui n'avait jamais manqué de rien.

Fraser eut un pincement au cœur en observant sa famille derrière cette vitre. Ils discutaient et éclataient de rire et cela lui fendait de cœur de les voir si heureux en son absence. Cela se voyait qu'il ne faisait plus partie de leur vie et qu'il avait été jeté aux oubliettes. On les observant, l'on ne pouvait s'imaginer qu'il manquait quelqu'un à cette table pour venir compléter ce tableau de famille. Mais à quoi s'attendait-il ? À ce qu'ils affichent des mines tristes au quotidien ? Des larmes coulèrent le long de ses joues. Ce qui se présentait sous ses yeux était simplement insoutenable pour lui et il ne pouvait rester là une minute de plus. Il s'en alla de là en courant, oubliant d'aller récupérer le paquet qui lui avait été réservé.

12

Le lendemain, Jason invita Fausther à son fast-food favori. Ce dernier accepta volontiers. Le serveur déposa leurs commandes avant de s'en aller aussitôt après leur avoir souhaité un *bon appétit*.

- Hum… ils sont vraiment succulents ces burgers, tu avais raison. Dit Fausther avec gourmandise en savourant avec appétit l'énorme burger qui était dans son assiette.

- Je te l'avais dit. Dit Jason en souriant.

- Tu dois être un habitué de la maison maintenant.

- Bof. Je viens surtout lorsque j'ai un peu d'argent pour me faire plaisir. Lorsque tu vis dans un refuge, il faut savoir faire attention à la manière dont tu dépenses tes sous.

- Tu n'es pas obligé de m'inviter, tu sais. Je peux très

bien payer pour moi. Dit tout de suite Fausther, saisi de pitié, en mettant la main dans sa poche par réflexe.

- C'est moi qui t'invite et je tiens à payer... je ne vais pas mourir de faim après ça, rassure-toi. Dit Jason en rigolant en voyant l'expression du visage de son ami.

- Tu en es sûr ?!

- Évidemment... alors, qu'est-ce que cela te fait d'avoir décroché ton diplôme ? lui demanda-t-il en tournant la page.

- Je ne sais pas. Je suis à la fois triste et content de quitter la fac, mais je suis également anxieux et excité de découvrir le monde professionnel. Je ressens tout un tas d'émotions contradictoires en moi, c'est assez paradoxal, je dois l'avouer.

- La remise des diplômes est dans quelques semaines.

- Oui.

Fausther marqua une pause avant de poursuivre.

- J'aurais tant aimé que mon frère soit là. C'est dommage qu'il n'ait pas passé son examen. Je suis sûr qu'il l'aurait décroché, il est très intelligent. Ajouta Fausther, tristement.

- J'ai discuté avec Matthieu hier et lui non plus n'a pas de ses nouvelles, mais il m'a dit qu'un de ses amis l'aperçoit souvent dans sa rue et qu'il essaiera de faire un tour d'ici là espérant le croiser et prendre de ses nouvelles.

- Merci, c'est gentil.

- Je t'en prie. Ça me fait de la peine de vous savoir aussi tristes et inquiets pour lui. J'avais croisé ta mère sur le parking d'un supermarché et elle a littéralement fondu en larmes en parlant de Fraser.

Fausther hocha la tête en prenant un air triste.

- Chacun essaie de gérer, tant bien que mal, cette situation dans son coin. Nous n'en parlons pratiquement pas et évitons le sujet au maximum. La dernière fois que j'ai prononcé le nom de mon frère à la maison, mon père m'a clairement fait comprendre qu'il ne faisait plus partie de nos vies.

- Wouah. Dit simplement Jason, sous le choc. Il a l'air vraiment remonté.

- Il s'est surtout senti trahi, c'est pourquoi il est autant en colère après lui. Fraser nous avait tous présenté Matthieu comme étant un ami et le sachant très solitaire nous étions tous heureux de le voir enfin avec de la compagnie. Matthieu faisait un peu partie de la famille maintenant, il dormait à la maison chaque fois qu'il en avait envie, prenait part à toutes nos manifestations. Alors, tu peux imaginer ce qu'a ressenti mon père lorsqu'il les a surpris ensemble.

- Oui. Cela a dû être un réel choc émotionnel pour lui.

Quelques minutes plus tard, Pat et ses amis firent leur

entrée dans le restaurant. Jason qui les avait aperçus en premier détourna le visage en soupirant.

- Oh non ce n'est pas vrai ! murmura-t-il.

- Quoi donc ?

- Pat et sa bande. Ils sont là. Dit Jason en les désignant discrètement du menton.

Fausther se tourna en leur direction et leva la main pour appeler Pat.

- Mais qu'est-ce que tu fais ? lui reprocha Jason en écarquillant les yeux et en serrant les dents.

Fausther qui s'entendait plutôt bien avec Pat et sa bande avait oublié que ce n'était pas le cas avec Jason.

- Pourquoi est-ce que tu lui as fait signe ? C'est malin, ils s'approchent de nous maintenant. Lui reprocha-t-il, énervé.

- Je suis désolé, je…

Fausther n'acheva pas sa phrase. Il se sentait pris entre deux pièges, car il s'entendait aussi bien avec l'un qu'avec les autres. Il avait l'impression de devoir choisir un camp et c'était un peu déstabilisant pour lui, car honnêtement il n'avait rien à reprocher à son ancien capitaine.

Pat l'avait toujours bien accueilli et intégré au sein de leur groupe et se montrait très sympathique lorsqu'ils se retrouvaient toujours tous ensemble après une partie de basket. Lorsqu'il le mettait en garde contre le fait d'être très proche de Jason, ce n'était pas par pure méchanceté, au contraire. Il l'aimait bien et avait peur, que par la faute de son ami, il ne soit marginalisé d'une quelconque façon que ce soit parce qu'on aurait cru que lui aussi était homosexuel. Il voulait simplement le protéger.

- Fausther ! dit Pat avec un large sourire en s'approchant de leur table. Comment vas-tu, mon gars ? On ne s'est plus revus après le championnat !

- C'est vrai. Je me préparais pour l'examen.

- Tu l'as obtenu ?

- Oui.

- Félicitations ! Nous aussi. Dit Pat en désignant sa bande de copains qui se tenaient près de lui.

Pat ignorait délibérément Jason et ce dernier fit de même. L'ambiance qui planait dans l'air était assez électrique et Fausther était vraiment mal à l'aise.

- Vous avez fini de manger ? Dit Pat en constatant leurs assiettes vides. Tu peux venir te joindre à nous si tu veux ! proposa-t-il ensuite.

- Euh c'est que… dit Fausther, mal à l'aise, en regardant Jason.

- J'ai de bonnes nouvelles en ce qui concerne notre équipe de basket. Il faut que tu écoutes ça. Insista Pat.

Fausther sembla hésiter un moment, curieux d'entendre ce qu'il avait bien à lui dire, ce qui énerva davantage Jason qui lui dit d'un ton sarcastique qu'il pouvait aller les rejoindre s'il le voulait.

- Qu'est-ce qui se passe Jason, tu es *jalouse*? Lui demanda Pat d'un ton provocateur, le sourire au coin des lèvres.

- Ne me manque pas de respect Pat, sinon… Dit le jeune en pointant un doigt menaçant vers lui.

- Sinon quoi ? Tu vas me botter *le derrière* ? C'est ça que vous aimez n'est-ce pas ? … *Vous autres.* Accentua-t-il avec mépris et dégoût.

- Pat, arrête. Intervint calmement Fausther.

- Tu as raison. Désolé… Alors, tu viens nous rejoindre ?

- Je veux bien, mais à une condition… que Jason vienne également.

- Il n'en est pas question ! intervint ce dernier avec véhémence.

- Tu vois que j'avais raison. *Elle* est *jalouse. Elle* veut te garder pour toi toute seule. Mais tu n'as pas à t'inquiéter Jason, contrairement à toi, *je n'aime pas les garçons.*

Sans que personne ne s'y attende, Jason bondit sur Pat et lui assena de violents coups de poing. Ce dernier tomba à la renverse, surpris par l'attaque de ce dernier. Il ne l'avait pas vu venir. Lorsqu'il fut à même de se relever, une violente bagarre éclata entre eux. Fausther les pria d'arrêter et essaya de les séparer de toutes ses forces tandis que les autres les observaient, excités, encourageant leur ami à *défoncer* son adversaire.

Jason avait eu ras le bol. Il avait toujours été victime des provocations de Pat et préférait toujours garder le silence afin d'éviter toute altercation, mais aujourd'hui cela avait été la goutte d'eau qui avait fait déborder le vase. Il ne voulait plus se laisser traiter et malmener de la sorte. Il ne voulait plus être sa cible, le bouc émissaire de service sur qui il trouvait toujours un véritable plaisir à déverser toute sa haine, même en public. S'il le laissait toujours faire, cela ne s'arrêterait jamais, mais s'il lui montrait au contraire qu'il n'était plus d'accord avec ses agissements, alors il cesserait peut-être son petit jeu machiavélique.

Des serveurs du restaurant vinrent séparer la bagarre, les priant de sortir, car ils faisaient une scène devant les autres clients qui semblaient tous effrayés. Jason s'excusa poliment puis régla l'addition avant de sortir. Fausther le suivit en courant, mais ce dernier le repoussa d'un geste de la main en lui demandant froidement d'aller retrouver ses amis et de le laisser tranquille.

- Mais qu'est-ce qui t'arrive ? demanda Fausther en fronçant les sourcils.

- Laisse-moi seul, je t'en prie. Dit Jason en tournant les talons et en s'en allant le pas pressé.

Fausther resta là, immobile, regardant son ami s'éloigner. Il était triste que les choses aient pris cette tournure et que ce dernier soit fâché. Pat et sa bande sortirent à ce moment du restaurant, mais il n'était plus d'humeur. Il les regarda en secouant la tête, déçu, puis tourna les talons à son tour.

Il appela Jason en rentrant, mais ce dernier ne décrochait pas à ses appels. Ce fut la même chose les jours qui suivirent, à son grand désespoir. L'absence et le silence de son ami lui firent réaliser à quel point il tenait à lui, mais surtout qu'il lui manquait.

Un jour, il décida de faire un tour dans tous des refuges de la ville, à sa recherche, mais chaque fois qu'il donnait son nom à certains membres, ces derniers ne voyaient absolument pas à qui il faisait allusion. Il ne comprenait rien. Il n'y avait que trois refuges dans toute la ville, Jason devait forcément vivre dans l'un d'eux. Pourquoi est-ce que tout le monde semblait alors ne pas savoir de qui il s'agissait alors qu'il lui avait dit que cela faisait déjà deux ans qu'il vivait à cet endroit. Découragé, il abandonna, pensant que son ami finira par retrouver ses esprits et mettre un terme à sa colère. Il ne restera pas indéfiniment fâché et finira bien un jour par répondre à ses appels. Enfin… il l'espérait.

Quelques jours plus tard, alors qu'ils dînaient tous en famille, l'on frappa à leur porte. Catherine se leva pour aller ouvrir et son cœur ne fit qu'un tour dans sa poitrine lorsqu'elle vit un policier en face d'elle, à ses côtés, se tenait Matthieu, le copain de son fils. Ce dernier avait les yeux rouges et gonflés et elle sut instantanément qu'il était arrivé un malheur. Elle posa une main sur sa poitrine, redoutant ce qu'avait à lui dire ce policier.

Marc et Fausther déposèrent instantanément leurs couverts lorsqu'ils entendirent le cri perçant que poussa Catherine. Ils se levèrent immédiatement et coururent en sa direction et celle-ci s'était effondrée dans les bras d'un policier qui essayait tant bien que mal de la réconforter.

- Qu'est-ce qui se passe ? Cria Marc, le regard passant du policier à sa femme, les yeux écarquillés.

Le policier qui ne pouvait soutenir son regard à la suite de la détresse qu'il lisait dans ses yeux, baissa la tête, incapable de prononcer le moindre mot. Il se contenta de secouer la tête.

- Fraser est mort !...Marc, notre fils est mort ! cria Catherine en venant s'agripper aux bras de son mari.

Fausther qui se tenait juste derrière son père crut recevoir un coup de massue sur la tête. Tout se mit à vaciller autour de lui et l'instant d'après ce fut le noir total.

L es obsèques de Fraser se déroulèrent quelques jours plus tard dans une intimité familiale totale. Vêtus tous de noirs pour la circonstance, au cimetière, ils regardaient le cercueil du jeune homme, recouvert de fleurs, descendre sous la terre. Lorsque l'on commença à verser de la terre dessus, Catherine éclata en sanglots et s'agrippa fortement à son mari qui l'enlaça tendrement. Fausther, qui était à côté d'eux, retira ses lunettes de soleil pour essuyer discrètement avec une pochette les larmes qui menaçaient de couler au coin de ses yeux. Ils regagnèrent le domicile familial où un repas avait été organisé, quelques heures plus tard.

Le corps de Fraser avait été retrouvé sans vie en pleine rue. C'est l'un des amis de Matthieu qui connaissait leur relation qui l'avait alerté. D'après le rapport d'autopsie, c'était une crise cardiaque qui avait emporté le jeune homme, à la grande stupéfaction de sa famille qui ne comprenait strictement rien.

Depuis la mort de Fraser, l'atmosphère au sein de la famille était devenue morose et maussade. Chacun faisait son deuil individuellement. Fausther écoutait sa mère pleurer tous les soirs dans sa chambre, culpabilisant de ne pas avoir dit à son fils une dernière fois qu'elle l'aimait. Son père, quant à lui, s'était enfermé dans une espèce de mutisme et semblait toujours ailleurs dans ses pensées. Le monde de Fausther, quant à lui, s'était écroulé. En perdant son frère, il avait perdu une partie de lui. Plus rien ne sera comme avant désormais, pensait-il, d'ailleurs il sentait déjà un grand vide en lui. C'était la première fois qu'il expérimentait la perte d'un être cher et c'était juste un sentiment horrible qu'il ne souhaitait à personne, même pas à son pire ennemi. Il lui arrivait quelques fois de demander à Dieu pourquoi ce n'était pas lui qui était mort à la place de son frère, que ce dernier méritait tellement de vivre. Mais en réalité, tout le monde méritait de vivre, la vérité était que personne ne connaissait ni son jour ni son heure.

La seule consolation que Fausther avait à la suite au décès de son frère était de lui avoir dit « je t'aime » une dernière fois. Le fait de savoir que son frère était mort en sachant que ses sentiments pour lui n'avaient pas changé enlevait un gros poids de son cœur. C'est grâce à cela qu'il pouvait faire son deuil, aussi douloureux que cela fût.

Alors qu'il était assis à la terrasse arrière de sa maison, plongé dans ses pensées, Fausther sentit quelqu'un prendre place à ses côtés et poser une main affectueuse sur son épaule. Il se retourna et vit Jason.

- Je suis désolé Fausther. Ce n'est qu'hier soir que j'ai eu l'information. Je suis sous le choc, je n'arrive pas toujours à croire. Dit-il la voix chargée de chagrin.

- Cela fait déjà plusieurs semaines que je tente de te joindre en vain. Pourquoi est-ce que tu ne décrochais pas à mes appels ?

Jason resta un moment silencieux avant de lui répondre.

- J'avais besoin d'être seul, de faire le vide dans ma

tête, je suis navré… Lorsque Matthieu m'a appris la terrible nouvelle, j'ai couru à la première heure chez vous, mais vous étiez déjà partis. J'ai donc attendu votre retour impatiemment… Qu'est-ce qui s'est passé ?!

- On a retrouvé son corps sans vie dans la rue. Selon le rapport d'autopsie, c'est un arrêt cardiaque qui l'aurait emporté.

- Un arrêt cardiaque ?! Comment cela est-ce possible ?

- Je ne sais pas Jason, seul Dieu sait… Seul Dieu sait. Répéta tristement Fausther.

Jason secoua la tête, n'en revenant toujours pas. Il avait l'impression que tout cela n'était qu'un horrible cauchemar et qu'il allait bientôt se réveiller. Il s'en voulait d'avoir pris ses distances avec son ami et d'avoir ignoré ses appels alors que ce dernier traversait une situation difficile et qu'il avait certainement besoin de lui. Il n'avait pas été là pour lui et le regrettait amèrement. Il essaierait de se rattraper autant qu'il le pourra.

- Il faut être fort. Dit-il. Vous devez tous faire preuve de courage et vous soutenir mutuellement dans cette douloureuse épreuve.

- Je n'ai plus de frère. Dit tristement Fausther. Mon unique frère est parti… comme un misérable.

- Tu vas t'en sortir. C'est une épreuve de la vie.

Ils restèrent un long moment sans prononcer le

moindre mot avant que Fausther ne se décide à rompre le silence.

- J'ai fait le tour des refuges et j'ai été surpris de constater que personne ne te connaissait. Je n'ai rien compris. Dit-il, les sourcils froncés, en se tournant vers son ami.

- Tu as fait le tour des refuges ? Pourquoi donc ?

- Tu ne décrochais pas à mes appels et je m'inquiétais pour toi, j'ai donc pensé que la seule chose à faire était d'aller à ta recherche dans ces centres d'accueil.

- Pourquoi as-tu fait cela ? demanda Jason, ému.

- Parce que tu es mon ami et que je t'aime. Je ne voulais pas que tu sois fâché contre moi.

Jason n'en revenait pas qu'il avait fait le tour des refuges à sa recherche, c'était une grande marque d'attention et il n'avait plus l'habitude qu'on lui témoigne autant d'amour. Cela l'émut profondément et il se devait d'être honnête avec lui, de lui dire la vérité.

- Je t'ai menti. Avoua-t-il.

- Pardon ?!

- Je ne vis pas dans un refuge.

- Ah bon ?...Mais où vis-tu dans ce cas ? demanda Fausther, ahuri.

- Je squatte un peu partout chez des amis. Avoua Jason, mal à l'aise. Parfois quand l'un d'eux ne peut m'accueillir chez lui, je suis contraint de dormir dans la rue.

- Tu es sérieux ?! demanda Fausther, les yeux écarquillés, sous le choc.

- Oui.

- Mais pourquoi est-ce que tu ne m'as rien dit ?

- J'avais honte. Ce n'est pas facile d'avouer que l'on est SDF. C'était moins *honteux* pour moi de dire que je vivais dans un refuge. Tu sais, un SDF n'est pas seulement celui qui vit dans la rue, à faire la manche, mais toute personne qui n'a pas de véritable toit, toute personne qui est obligée de dormir là où le vent le conduira.

- Wouah. Fit simplement Fausther.

Ils restèrent à nouveau sans voix un moment.

- Je me rends compte que c'est une grâce d'avoir un toit où dormir... Et si tu faisais une petite visite chez tes parents ? demanda-t-il brusquement.

- Pour quoi faire ?!

- Je ne sais pas. Les saluer. Leur dire que tu vas bien... que tu es en vie.

Jason le regarda comme s'il avait perdu la tête.

- Je ne crois pas que ce soit une bonne idée. Dit-il simplement.

- La mort de mon frère m'a fait réaliser beaucoup de choses. J'ai compris que des personnes auxquelles l'on tient peuvent nous être arrachées du jour au lendemain sans que nous nous y attendions. Il est inutile de vivre avec toute haine en nous, ce n'est vraiment pas nécessaire.

- C'est bien que tu aies compris cela, mais c'est ton histoire personnelle qui t'a conduit à tirer cette conclusion.

Jason marqua une pause et poussa un soupir avant de poursuivre.

- En ce qui concerne mes parents c'est une autre histoire. Ils sont très bornés, en l'occurrence mon père. Il est difficile qu'il revienne sur ses décisions, crois-moi.

- Tu… tu n'aimerais pas que les choses redeviennent comme avant avec tes parents ?

- C'est mon souhait le plus cher. Répondit Jason d'une voix grave.

- Alors il faut te battre pour ça. Prendre ton courage à deux mains et aller les voir.

Jason le dévisagea un bref instant, l'air hésitant.

- Je vais y réfléchir.

- Nous allons déménager.

- Pardon ?!

- On a une maison de vacances en province, mes parents veulent y aller, et moi j'irais chez mon oncle… Nous partirons dans quelques semaines.

- Wouah, c'est imminent. Dit Jason, abasourdi.

- Oui.

- Je suppose que le décès de Fraser y est pour quelque chose ? demanda-t-il en faisant une grimace.

- Oui. Il y a trop de souvenirs de lui dans cette maison et ils ne veulent plus y vivre.

- Tu vas me manquer. Dit Jason en le regardant droit dans les yeux, ému.

Il avait toujours été solitaire, mais quand il a fait la rencontre de Fausther, surtout lorsque ce dernier avait accepté d'être son ami malgré le fait qu'il soit homosexuel, il avait redécouvert ce que cela faisait d'avoir un ami. *Un vrai ami.* Il n'avait plus honte d'être lui-même et ne se sentait plus jugé au quotidien, il ne cherchait plus à faire attention à chaque phrase qu'il prononçait de peur d'être *démasqué.* Aussi, il ne se sentait plus seul et avait désormais quelqu'un avec qui il pouvait discuter et échanger au quotidien, quelqu'un avec qui il pouvait rigoler, se charrier, aller s'amuser et manger. Fausther lui avait ouvert les portes de sa maison et de sa famille. Ils étaient devenus en quelque sorte, avec le temps, sa famille de substitution. Le fait de savoir qu'il allait s'en aller le plongeait dans une grande tristesse, car il se disait que les choses allaient redevenir comme elles étaient avant.

- Eh, c'est quoi cette tête que tu fais ?! Dit Fausther, amusé, en lui donnant un petit coup de coude.

- Je pensais au fond de moi que ma vie redeviendrait triste après ton départ. Dit Jason d'une voix triste.

- Ne dis pas ça. C'est juste que... tu n'es juste pas tombé sur des personnes qui t'aiment réellement pour qui tu es, mais tu les trouveras j'en suis sûr. Tu es un gentil garçon.

- Merci.

Les deux amis restèrent encore là à discuter avant de se séparer quelques heures plus tard. La visite de Jason avait fait du bien à Fausther et lui avait permis de sortir, un tant soit peu, de sa mélancolie.

Jason marcha plusieurs kilomètres jusqu'à ce qu'il arrive sur le toit d'un immeuble. Cela faisait déjà quelques jours qu'il avait installé ses affaires là et qu'il y séjournait. Il avait recueilli plusieurs cartons et matériaux et s'était construit une sorte de petite cabane qui lui servait de domicile. Le vent qui était glacial souffla sur lui et il se frotta les mains pour se réchauffer. Pris de fatigue, il entra dans « sa maison » et arrangea ses affaires afin de se faire une place pour dormir. Le sommeil le gagna à l'instant.

13

Deux jours plus tard, Fausther décida de se rendre chez les parents de Jason. Il avait eu à cœur de leur parler avant son départ et tenait vraiment à le faire pour son ami. Il s'avançait en terre inconnue et ne savait absolument pas dans quoi il s'embarquait. Les choses pouvaient très bien se passer comme elles pouvaient aussi bien dégénérer. Jason lui avait répété maintes fois que son père était un homme dur et froid, il se préparait donc à toutes sortes de scénarios possibles.

Il admira à nouveau l'énorme demeure qui se présentait devant lui et fut impressionné. Elle reflétait la noblesse et était située dans un quartier résidentiel. Personne en voyant Jason à l'Université ne pouvait imaginer qu'il avait grandi dans ce genre de luxe. Bien qu'il ne soit pas de

condition modeste, il se sentit tout à coup pris d'un sentiment d'infériorité.

Il avait pu obtenir de Jason, l'adresse de ses parents,
en usant d'un peu de malice. Il prit une grande inspiration
puis poussa un long soupir avant de sonner à la porte.
Une dame très élégante et sophistiquée fit son apparition
devant lui.

- Bonjour Madame, je… est-ce que je suis bien au
domicile des Wiliams ? Balbutia-t-il, intimidé, en faisant
sortir de sa poche un bout de papier où il vérifia une
information.

La dame ne lui répondit pas et le dévisagea de haut en
bas avec des manières.

- Qui êtes-vous ? Demanda-t-elle les sourcils froncés.

- Je suis un ami de Jason… Est-ce que vous le
connaissez ?

- Si je le connais ? C'est mon fils. Dit-elle le visage
impassible.

- Ah vous êtes sa mère ? Enchanté !...Auriez-vous
l'amabilité de me laisser entrer chez vous un
moment ?...J'ai quelques informations concernant Jason à
vous partager. Ajouta-t-il comme cette dernière semblait
hésiter à lui ouvrir les portes de sa maison.

- Est-ce qu'il… lui est arrivé quelque chose ?
demanda-t-elle avec une pointe d'hésitation.

- Non.

Elle l'observa un moment avant de s'écarter et lui demander d'entrer.

- Mon mari est sur la terrasse. Je vous prie de bien vouloir me suivre, vous nous détaillerez à tous les deux l'objet de votre visite.

Fausther la suivit et ils traversèrent la gigantesque villa qui était autant luxueuse à l'intérieur qu'à l'extérieur. Ils arrivèrent à la terrasse arrière dans un magnifique jardin fleuri, avec des bungalows et des bancs de jardin.

Un homme, d'une fière allure, se tenait à quelques mètres d'eux, lisant un journal.

- Chéri, ce jeune homme est un ami de Jason et il dit avoir quelques informations à nous partager à son sujet. Dit la dame en s'approchant de lui et en prenant place à ses côtés.

Le monsieur le dévisagea un bref instant et lui demanda de prendre place en désignant le fauteuil vide en face de lui. Fausther s'exécuta. La ressemblance entre Jason et son père était flagrante. Il avait l'impression de le voir en face de lui avec quelques années en plus. C'était un bel homme, d'âge mûr, mais très bien conservé. Cela se voyait qu'il prenait soin de lui et faisait beaucoup de sport.

- On vous écoute. Qu'avez-vous à nous dire ? lui demanda-t-il d'une voix grave.

- D'abord je tiens à vous dire que je suis enchanté de vous rencontrer, Jason m'a tellement parlé de vous !

La dame regarda son mari, ahurie.

- Je me prénomme Fausther et… j'ai fait la connaissance de Jason cette année, lorsque j'ai intégré l'équipe de basket de la fac. Je ne sais pas si vous étiez au courant que votre fils faisait partie de cette équipe. D'ailleurs, c'est un très grand joueur, c'est grâce à lui si j'ai atteint le niveau que j'ai aujourd'hui… Nous avons participé à un championnat interuniversités et nous avons obtenu la seconde place ! Dit Fausther, tout joyeux.

Son sourire disparut immédiatement devant l'indifférence des parents de son ami qui ne manifestaient aucune émotion. Ils restèrent un bref moment à se dévisager. Mal à l'aise, il se racla la gorge, avant de poursuivre.

- En fait, je… si je suis venu vous voir aujourd'hui c'était pour vous dire que Jason a obtenu son examen de fin de cycle avec mention. La remise officielle des diplômes se fera dans trois jours et… ce serait bien que vous y prenez part… pour lui faire plaisir. C'est toujours un immense bonheur d'avoir nos proches autour de nous lorsque nous vivons de tels événements et cela n'arrive qu'une fois dans notre vie. Je sais… qu'il y a des tensions au sein de votre famille à cause de son orientation sexuelle et je n'ai aucun jugement là-dessus, vous pouvez me croire, ce que je veux juste c'est que… que vous mettiez votre colère de côté, un tant soit peu, et que vous preniez part à cette remise des diplômes qui est très importante pour lui… je vous en prie. Ajouta-t-il timidement.

Les parents de Jason se regardèrent et restèrent silencieux un moment avant que son père ne se décide à parler.

- C'est Jason qui vous envoie ? demanda-t-il en fronçant les sourcils et en déposant sur la table qui était en face de lui le journal qu'il tenait dans ses mains.

- Non. Il ignore tout de ma démarche. D'ailleurs, j'ai dû user de stratagèmes pour obtenir votre adresse. Avoua Fausther.

- Si Jason vous a tant parlé de nous alors je suppose qu'il vous a également dit que nous ne voulons plus entendre parler de lui. N'est-ce pas ?

- Oui, il me l'a dit, mais…

- Notre avis ne changera pas parce qu'il a obtenu son diplôme. L'interrompit-il. Voyez-vous, tout ce que vous venez de nous dire, et je me permets de parler au nom de ma femme, ne nous surprend pas. Il n'y a rien d'étonnant à ce que Jason gagne un championnat de basket ou encore à ce qu'il obtienne son diplôme avec mention. Il a toujours été un garçon très brillant et sa chambre est remplie de plusieurs médailles accrochées à son mur. Je lui ai toujours appris à exceller dans tout ce qu'il entreprend depuis son plus jeune âge et il a toujours eu un esprit de compétition très développé. Nous avons toujours été fiers de notre fils unique… jusqu'à ce que nous découvrions qu'il est homosexuel. Ajouta-t-il, déçu. Cela est peut-être dérisoire pour vous, mais pour moi c'est une énorme déception. Mon fils m'a déçu… Je n'ai plus de fils.

Fausther ne sut quoi dire à l'instant, pour donner suite aux propos durs de son interlocuteur, mais il décida de ne pas abandonner et d'insister.

- Monsieur, excusez-moi d'insister, mais… voyez-vous, j'étais très homophobe avant. Si l'on m'avait dit un jour que je serais assis là en train de défendre la cause d'un homosexuel, je ne l'aurais jamais cru. En intégrant l'équipe de basket, j'ai fait la rencontre de Jason, un garçon super intelligent, doué en sport et surtout extrêmement généreux. Lorsque j'ai appris pour son homosexualité, je me suis tout de suite retiré de lui, car je craignais qu'on me juge et qu'on pense que je le suis également… mais j'étais surtout dégoûté. Le fait de savoir que mon ami allait avec des hommes comme lui m'était tout simplement insupportable. Pour moi c'était une abomination.

Il prit une grande inspiration avant de poursuivre.

- Grâce à Dieu, j'ai compris que je devais aimer tout le monde, sans pour autant tolérer leurs actes… juste leur témoigner de l'amour. J'ai donc décidé de prendre le courage de poursuivre notre amitié et je n'ai pas été déçu, car comme je le disais tantôt Jason est un garçon ayant une âme généreuse. Je sais que ce n'est pas facile pour vous, maintenant que vous connaissez toute la vérité sur sa sexualité, mais priez et demandez à Dieu de vous donner cette force qui vous manque pour être au-dessus de vos préjugés. Il est le seul capable d'opérer ce miracle. N'ayez pas peur des opinions du monde. Vous n'avez qu'un fils… réfléchissez-y, je vous en prie. C'est l'amour que vous lui témoignerez qui lui donnera le courage d'avancer dans ce monde.

La mère de Jason fut sensible à ces paroles du jeune homme et prit un air de compassion. Son mari, en revanche, semblait toujours aussi indifférent.

- C'est tout ce que vous aviez à nous dire ? demanda-t-il en ricanant, d'un ton méprisant.

- Oui.

- Très bien. C'est gentil à vous d'avoir… entrepris tout ceci dans l'espoir de nous voir changer d'avis en ce qui concerne notre fils… mais c'est peine perdue. Maintenant, si vous me permettez, j'aimerais à nouveau relire *tranquillement* mon journal. Dit-il en joignant l'acte à la parole, le sourire forcé.

Fausther qui comprit que c'était une façon gentille de lui demander de partir se leva.

- Je vais vous raccompagner à la porte. Lui dit la mère de son ami, gênée par l'hostilité de son mari.

Il la suivit puis revint sur ses pas comme s'il avait oublié de dire quelque chose.

- J'ai perdu mon frère jumeau… il y a une semaine de cela. Dit-il. Il était également homosexuel, mais on ne le savait pas. Lorsque nous avons découvert la vérité, mon père l'a chassé du domicile familial et il a vécu dans la rue durant tout ce temps, sans que nous n'ayons de ses nouvelles et que nous ne savions ce qu'il devenait. Son cadavre a été retrouvé il y a quelques jours au coin d'une rue… Maintenant j'écoute ma mère pleurer tous les soirs en regrettant de ne pas lui avoir dit « je t'aime » une dernière fois. Mon père, même s'il ne veut rien laisser paraître, souffre au fond de lui et n'est plus le même. Mon frère est parti en emportant avec lui l'idée que ses parents le haïssaient pour qui il était. La grâce que j'ai eue, moi, était de l'avoir vu avant sa mort et d'avoir eu l'occasion de lui dire que je l'aime toujours malgré tout. C'est ma seule consolation aujourd'hui. Si je n'avais pas eu cette opportunité, je suis certain que j'allais être tourmenté toute ma vie. Vous savez, personne ne sait combien de temps il vivra sur terre avec ses proches. Personne n'a le contrôle ni de son destin ni de celui des siens… Ne faites pas la même erreur que mes parents, je vous en prie. N'attendez pas qu'il arrive malheur à votre fils pour regretter vos décisions. Même si vous l'avez banni de vos vies, il est une partie de vous et ça que vous le vouliez ou non. C'est une vérité que vous ne pouvez malheureusement pas nier.

Il marqua une courte pause avant de continuer.

- Je vous remercie de m'avoir accordé du temps pour vous dire ce que j'avais sur le cœur. Je quitte la ville dans quelques semaines et je ne serai malheureusement plus là physiquement pour Jason. J'étais le seul ami qu'il avait et il m'a confié que la vie deviendra un cauchemar pour lui après mon départ. Cela m'a fendu le cœur et j'ai tenu à vous rencontrer pour vous demander de prendre le relais et lui dire qu'il n'est pas seul, contrairement à ce qu'il pense. Il est terrifié à l'idée de venir vous voir, pensant que vous le chasserez comme un va-nu-pieds, mais moi je garde espoir que les choses s'amélioreront entre vous… Je ne sais pas ce que vous déciderez après mon départ, mais je pars le cœur en paix en sachant que j'ai fait ma part.

Fausther tourna les talons après son petit discours. Il n'eut pas le temps de voir l'expression du visage de monsieur Williams, car il avait pris aussitôt la direction de la sortie, mais il espérait au fond de lui avoir semé quelque chose de positif dans le cœur de cet homme qui paraissait froid.

Une fois devant la porte de sortie, la mère de Jason posa une main affectueuse et maternelle sur son épaule.

- Je suis vraiment désolée pour votre frère. Dit-elle, émue.

Fausther hocha la tête.

- Venez à la remise de diplômes… je vous en prie. Dit-il, en la suppliant presque.

- Mon mari est borné. Il n'acceptera jamais. Répondit-elle tristement.

- Alors, venez sans lui… faites-le pour Jason. Il sera vraiment content de vous voir, je vous assure… Faites-le pour votre fils. Insista-t-il.

Elle détourna le visage en se passant une main nerveuse dans les cheveux puis poussa un léger soupir en le dévisageant.

- Je verrai… Je ne sais pas. Dit-elle.

Il hocha la tête en souriant avant de partir. Le fait qu'elle veuille y réfléchir était déjà une victoire pour lui.

Elle retourna retrouver son mari qui était très obnubilé par sa lecture.

- Alors… que penses-tu de tout ça ? lui demanda-t-elle d'une voix douce.

- Tu sais bien que ce n'est pas le discours de ce jeune homme qui changera quelque chose à ce que je pense. Dit-il la voix neutre, les yeux toujours fixés sur son journal.

Elle prit un air triste et le regard vide, fixa le paysage qui s'offrait à eux. Contrairement à son mari, les paroles du jeune homme l'avaient complètement bouleversée et elle était indécise, ne sachant comment réagir.

Lorsque Fausther rentra chez lui le soir, il trouva sa mère le soir à la cuisine, en train de préparer le dîner. Il la salua et lui demanda où se trouvait son père. Elle lui répondit qu'il était à la terrasse et il s'y rendit aussitôt.

Il trouva ce dernier assis dans un coin et s'approcha de lui doucement en prenant place à ses côtés. Ce dernier ne bougea pas d'un pouce et fixait toujours le vide. Fausther remarqua qu'il tenait fortement un vêtement dans ses mains et prit ensuite un air de surprise en reconnaissant la veste en jeans de son frère. C'était celle qu'on avait retrouvée sur lui le jour de son décès.

Il posa une main sur l'épaule de son père avant de le dévisager profondément.

- Papa…

Avant qu'il n'ait le temps de poursuivre sa phrase, ce dernier se mit à pleurer à chaudes larmes en le serrant dans ses bras. Fausther resta un moment immobile, ne sachant comment réagir. C'était la première fois qu'il voyait son père aussi vulnérable et cela le déstabilisait complètement. Après avoir essayé longtemps de cacher ses émotions, ce dernier n'arrivait plus à les contenir. Il laissa exploser toute la souffrance qu'il avait réussi à garder jusqu'à présent au fond de lui et pleura de plus belle en essayant d'étouffer ses cris dans le vêtement de son fils disparu. Saisi de pitié, Fausther resserra ses bras autour de lui et se mit à le bercer tel un enfant.

- Ça va aller papa… on va s'en sortir. Dit-il en usant de toutes ses forces pour retenir ses larmes. On va s'en sortir. Répéta-t-il, ému.

- Mon fiston est mort ! Oh Fraser !...Fraser ! dit-il, inconsolable.

Catherine qui venait leur dire que le repas était prêt assista à cette scène puis fit demi-tour et s'adossa contre le mur qui était derrière elle, la main posée sur sa poitrine. Le fait de voir son mari dans cet état la chamboula complètement et réveilla le chagrin qui était en elle. Elle se mit également à pleurer en posant sa main sur sa bouche pour étouffer ses sanglots.

14

Ça y est. Le jour J était enfin arrivé. C'était la remise des diplômes et la salle était bondée de monde. Fausther chercha du regard, parmi la foule euphorique, les parents de son ami, mais ne les vit nulle part. Déçu, il se dit qu'il avait néanmoins fait sa part et espérait au fond de lui que leurs rapports s'amélioreraient par la suite.

Le cérémonial se déroula à la perfection. Chaque étudiant venait récupérer son diplôme à l'appel de son nom, manifestant sa joie de toutes les façons possibles : cris de joie, crises de larmes, pas de danse, étourdissement, etc. C'était à la fois amusant et aberrant. Fausther avait toujours pensé que les gens exagéraient et faisaient un peu de comédie, mais lorsqu'on appela son nom et qu'il vit ses parents se lever dans la salle en applaudissant, ivres de joie, il sentit une boule se nouer au fond de sa gorge et se mit à pleurer sans qu'il ne s'y attende. C'était émouvant de se dire qu'on avait enfin fini ce parcours universitaire qui semblait quelques fois long, mais surtout de penser que l'on avait procuré un sentiment de fierté à ses parents.

Il récupéra son diplôme en essuyant ses larmes avant de le brandir devant ses parents et aller rejoindre les autres diplômés. Quelques minutes après, ce fut au tour de Jason d'être appelé. Il récupéra son diplôme et jeta un regard à tout hasard dans la salle lorsqu'il croisa celui de sa mère. Il eut l'impression que le temps s'arrêta à l'instant et qu'il n'y avait plus qu'elle dans la salle. Il ne voyait plus le monde qui les entourait. Il resta là, complètement tétanisé, pensant faire une crise cardiaque. Cette dernière applaudissait et le regardait au loin en souriant. Soudain, sans contrôler ses émotions, il descendit de l'estrade et courut vers elle en pleurant à chaudes larmes et en la prenant dans ses bras. Ils se mirent ensuite à pleurer tous les deux devant une foule autant émue qu'eux.

- Maman!...maman... maman, ne cessait de répéter Jason en pleurant. Il était incapable de dire autre chose.

Fausther les regarda les larmes aux yeux, ému. Elle était venue. Il sourit, heureux pour son ami.

Quelques minutes plus tard, il alla les rejoindre. Ils semblaient si heureux et on avait l'impression qu'ils ne voulaient plus se quitter.

- Vous êtes venue. Merci. Dit Fausther, une fois proche d'eux.

- Tu connais ma mère ? demanda Jason surpris.

- Euh… Oui. Dit Fausther en souriant.

- Quoi ?!

Fausther éclata de rire, amusé par la tête que faisait son ami qui les regardait, les yeux écarquillés.

- Tu as un ami formidable, Jason. Lui dit sa mère en souriant et en posant une main affectueuse sur son épaule.

- Comment est-ce que vous vous connaissez tous les deux ? demanda ce dernier qui n'en revenait toujours pas.

- Ce n'est pas important. Le plus important est que vous soyez là tous les deux. Lui dit Fausther d'un ton plus serein cette fois-ci.

- Je t'expliquerai tout plus tard. Lui dit sa mère docilement.

Il hocha la tête, ne cherchant plus à savoir davantage.

- Je suppose que vous avez beaucoup de choses à vous dire ? Je vais vous laisser savourer ce petit moment intime… passez une agréable journée. Dit Fausther.

Au moment où il s'apprêtait à tourner le dos, Jason le retint par le bras.

- Fausther… merci. Dit-il d'un ton sincère.

Il hocha la tête et lui donna une petite tape amicale avant de s'en aller.

- Papa n'est pas venu ? demanda Jason à sa mère en cherchant ce dernier du regard dans la salle.

- Non, Jason… il t'en veut toujours. Je suis désolée. Dit-elle en faisant la moue.

- Ce n'est pas grave maman, ce n'est pas grave. Tu es là, toi, c'est le plus important. Dit-il en lui encadrant son visage de ses mains. Alors, qu'est-ce qu'on fait mainte-nant ? Demanda-t-il excité, tel un enfant, en se frottant les mains.

- J'ai pensé à t'inviter à manger dans un restaurant pour fêter ça. Ça te dit ?

- Bien sûr ! J'ai une faim de loup ! répondit-il avec un large sourire en passant son bras autour du sien et en la dirigeant vers la sortie.

Leur départ était prévu dans quelques jours et Fausther souhaita dire au revoir à son pasteur avant de partir. Il alla donc à son église et trouva ce dernier à l'arrière, dans le jardin.

- Bonjour ! lança-t-il en s'approchant timidement.

- Ah Fausther ! Quel plaisir de te voir. Dit ce dernier qui l'accueillit avec un large sourire.

- Je n'ai pas eu le temps de discuter avec vous après le décès de mon frère… Je venais vous dire au revoir. On s'en va.

- Pardon ?!…Viens prendre place un moment. Dit le pasteur en désignant le banc vide qui était en face d'eux.

Ils s'assirent simultanément sur le banc.

- Comment ça, vous en allez ? demanda le pasteur, intrigué.

- On a une maison de vacances en province, mes parents préfèrent rester là-bas pour le moment. On ira ensemble, mais après j'irai chez mon oncle qui accepte de me prendre comme stagiaire dans son cabinet… J'ai eu mon diplôme.

- Oui je l'ai appris, toutes mes félicitations. Tu rentres dans le monde professionnel maintenant, c'est un énorme saut en avant que tu fais là.

- Oui.

- Et… l'atmosphère à la maison ? Comment est-elle depuis le décès de ton frère ?

- Ça va mieux aujourd'hui. Chacun se sent libre à présent d'exprimer ses émotions face à la situation, mais cela reste encore difficile à accepter. Même s'ils essaient de le cacher tant bien que mal, mes parents sont rongés par le poids de la culpabilité, d'ailleurs je crois que c'est ça qui les pousse à partir de façon aussi brutale.

Le pasteur hocha la tête sans donner son avis.

- Je crois que moi également j'aurais culpabilisé si je n'avais pas eu l'occasion de dire à mon frère, une dernière fois, que je l'aimais. Poursuivit Fausther.

- Tu l'avais vu avant son décès ?

- Oui. Il était venu prendre ses affaires à la maison et j'ai eu l'occasion de discuter avec lui à ce moment-là. Je lui avais dit que je l'aime toujours et que son homosexualité n'y changeait rien. On s'est mis ensuite à pleurer comme des madeleines tous les deux. Dit-il le sourire aux lèvres d'un ton nostalgique.

Le pasteur le dévisagea un moment avant de prendre la parole.

- Mon enfant, est-ce que tu te rends compte de la bonté de Dieu dans ton histoire ? demanda-t-il en souriant.

- Pardon ?!

- Rien n'est le fruit du hasard avec Lui. Il a permis que tu rencontres ton ami homosexuel pour changer ton cœur et tes sentiments à l'égard de cette communauté, car il savait que ton frère l'était également.

Fausther le regarda en fronçant les sourcils, ne comprenant pas où il voulait en venir.

- Laisse-moi te poser une question. Dit le pasteur,

amusé devant son expression. Si tu n'avais pas fait la rencontre de ton ami, comment aurais-tu réagi en apprenant l'homosexualité de ton frère ?

Fausther réfléchit un moment avant de donner sa réponse.

- J'allais prendre mes distances avec lui… le renier. J'allais être certainement d'accord avec la décision de mon père de le chasser de la maison.

- C'est ce que je pensais. Dit-il toujours de son sourire angélique. Vois-tu, Dieu qui sait tout, savait que ton frère était homosexuel et afin que tu l'aimes et que tu l'acceptes tel qu'il est, il a mis devant toi quelqu'un pour t'enseigner et te préparer à ce que tu allais vivre en l'apprenant. En effet, c'est parce que tu as compris ce que Dieu voulait t'enseigner au travers de ton ami que tu as pu être à même d'aimer ton frère. Sans cela, ça n'aurait pas été possible.

Fausther resta sans voix un moment, sous le choc de cette révélation. C'était tellement vrai qu'il fut ému tout d'un coup. Des larmes coulèrent le long de ses yeux.

- Qu'y a-t-il ? demanda le pasteur en le dévisageant.

- Rien, c'est juste que… je réalise que tout ce que vous dites est tellement fondé. Dit-il en souriant. Si je n'avais pas rencontré Jason… j'allais détester mon frère à l'heure actuelle.

- Oui. Mais tu n'allais surtout pas comprendre que

l'amour est le commandement le plus important aux yeux de Dieu. C'est surtout çà que tu dois retenir.

Fausther hocha la tête.

- En tout cas, j'ai pu lui dire que je l'aimais avant qu'il ne meure et c'est ça le plus important pour moi. C'est à cause de cela que je peux avoir la paix aujourd'hui.

- Je suis content de te l'entendre dire. Il n'y a rien de meilleur que d'avoir la paix dans son cœur et si tu l'as alors je suis rassuré... Je suis triste que tu t'en ailles, mais on va toujours où Dieu nous envoie. Ta mission ici est achevée.

- Oui. Merci encore pour vos précieux conseils.

- Je t'en prie Fausther. Fais un bon voyage.

Le jeune homme hocha la tête et l'enlaça tendrement avant de s'en aller.

A lors qu'ils étaient en train de ranger leurs dernières affaires dans la voiture avant de partir, Jason fit son apparition. Il salua les parents de Fausther qui répondirent avec le sourire avant de monter dans leur voiture.

- Jason ?! Je pensais que tu ne voulais pas venir ? demanda Fausther en s'approchant de lui, à la fois surpris et heureux de le voir.

- J'ai changé d'avis. Dit ce dernier timidement. C'était

dur pour moi de te voir partir, mais je suis un homme et je dois être fort. Je ne voulais pas que tu partes sans te serrer dans mes bras une dernière fois.

Il enlaça son ami qui lui tapota amicalement le dos et ils restèrent dans cette position durant quelques secondes avant de se séparer.

- Purée je ne vais pas me mettre à pleurer comme une fille. Dit Fausther en essuyant une larme au coin de ses yeux.

- Tu as le droit, tu sais. Le taquina Jason en souriant… Alors, ça y est, tu t'en vas ?

- Oui. Dit Fausther en faisant la moue.

Jason hocha la tête tristement avant de poursuivre.

- Ma mère m'a tout raconté. Je n'arrive pas à croire que tu as fait çà, que tu es allé leur rendre visite.

- Je voulais vraiment le faire pour toi avant de partir, cela me tenait à cœur. On va dire que c'est… mon petit cadeau. Dit Fausther avec modestie.

- Un grand cadeau, tu veux dire. Grâce à toi, j'ai pu renouer le contact avec ma mère.

- Je suis ravi pour toi. Quelle est votre relation à présent ?

- On s'entend super bien. Elle a décidé de me louer un appartement au centre-ville où elle pourra souvent venir me rendre visite… mais je n'ai pas le droit d'inviter des garçons. Ajouta-t-il en riant.

- Ça, c'est sûr ! Dit Fausther en riant à son tour.

- Elle est en train d'apprendre à accepter ma sexualité, je ne veux pas la brusquer. Je suis déjà tellement heureux qu'elle soit revenue dans ma vie. Mon père n'est au courant de rien évidemment. C'est notre petit secret à tous les deux.

- Je prie que Dieu touche son cœur afin qu'il revienne sur sa décision.

- Fausther, je… lorsque ma mère m'a dit que tu es étais allé chez eux et que tu leur as demandé de venir à la remise des diplômes, j'ai eu à mon tour envie de te rendre la pareille, mais je ne savais pas comment… aujourd'hui je sais. Ajouta-t-il avec le sourire.

- Ah bon ?...alors que je suis sur le point de quitter la ville dans les minutes qui suivent ? demanda Fausther amusé.

- Oui. Tu sais… tu m'as toujours invité à ton église et je refusais toujours parce que je pensais que tu le faisais pour de mauvaises raisons. Aujourd'hui, je me dis que je vais y aller parce que je sais que c'est important pour toi et j'ai vraiment envie de faire quelque chose pour toi suite à ce que tu as fait pour moi. Je me suis dit *Il m'a tellement saoulé avec ça que je vais faire un tour…* Je te promets d'aller à ton église désormais… On va dire que c'est ma manière à moi de te dire merci.

Fausther resta sans voix, ému. Il était triste parce que

son ami n'avait jamais accepté une seule de ses invitations et maintenant qu'il avait baissé les bras et s'en allait, ce dernier avait pris l'initiative de lui-même de s'y rendre.

- Merci. Dit-il en l'enlaçant tendrement. C'est effectivement un beau cadeau que tu me fais là. Poursuivit-il, sincère.

Le père de Fausther klaxonna pour lui signaler qu'ils devaient partir.

- Il faut que je m'en aille. Prends soin de toi.

- Toi aussi.

- On reste en contact ?

- Évidemment.

- Attention ! Je prendrai des nouvelles auprès de mon pasteur pour vérifier si tu as respecté ta parole mon gars ! dit-il en lui pointant du doigt avant d'aller rejoindre ses parents.

- Je n'ai qu'une parole, crois-moi. Dit Jason en riant.

- Garde bien le village ! lança-t-il une fois dans la voiture.

- Compte sur moi ! cria Jason en riant une fois qu'ils le dépassèrent.

Il resta debout là, à les regarder s'éloigner jusqu'à ce qu'ils disparaissent complètement de sa vue.

Fausther, la tête adossée contre la vitre de la voiture, contemplait le magnifique paysage qui défilait sous ses yeux alors qu'ils traversaient la ville, le sourire aux lèvres.

Cette ville lui avait apporté à la fois le malheur et le bonheur. Le malheur parce qu'il avait perdu son frère jumeau et le bonheur parce qu'il avait eu une révélation en se liant d'amitié avec Jason et qu'il repartait avec elle dans la tête : aimer et accepter son prochain tel qu'il était, la chose la plus importante aux yeux de Dieu et c'était ça qu'il attendait de ses enfants sur terre.

DU MÊME AUTEUR

Printed in France by Amazon
Brétigny-sur-Orge, FR

13338728R00116